MINA POJKÅR

i stenriket och ubåtskriget

Carl-Otto Claesson

MINA POJKÅR

i stenriket och ubåtskriget

och

Ung sjöman på kurs mot
sjökaptensexamen
av
Göran C-O Claesson

Ebokförlag Gullestad

Copyright © Göran C-O Claesson 2019
Layout omslag och inlaga: Hans Claesson
Fotografier och kartor: © Familjearkivet
Tryckt: BoD – Books on Demand, Norderstedt, Tyskland
ISBN: 978-91-88317-02-5

Sjökapten Carl-Otto Claesson (1899 - 1973)

Mina pojkår i stenriket och ubåtskriget

Sonen och författaren Göran C-O Claesson fortsätter:

Sjökapten Carl-Otto Claesson inleder:

Det har länge varit min önskan att skriva ned minnen från mina pojkår och således samlade tillägna mina gossar dessa. Jag tycker att detta, så att säga, skulle bekanta dem litet med sin far. Den korta tid, en sjöman har över åt sin familj, räcker inte till några sådana där trevliga skymningstunder, när far och mor kan samla barnen omkring sig i lugn och ro och berätta om nytt och gammalt. Sådant kunna fäderna på landbacken kosta på sig ofta nog och anse det knappast avundsvärt. Några dagar i hamn för sjöfolk betyder arbete ombord från tidigt på morgonen till långt fram på kvällen I bästa fall är man hemma några timmar, innan småfolket skall kojas, och då blir det ju mest ras och lek. Ibland kanske mamma till och med påfordrat PAPPAS välbehövliga ingripande i barnens uppfostran. Och visst vill man gärna hjälpa mamma förhindra karl-ämnena i familjen att redan bli husets herrar. Resultatet i nämda frågor brukar ej vara lysande: "Asch, en sjömans-pappa skall väl inte vara 'kymig', nej, han skall komma god och glad och full av spännande äventyr och med mycket pengar till mamma och 'väldans klämmiga' presenter till ungarna, helst så märkvärdiga saker, som inte vanliga pappors grabbar kunna skaffa sig."

Ja, när så det unga inslaget i familjen, efter åtskilliga timmars uppskov, äntligen kommit till ro har väl ofta den store sjömanspojken några viktiga omsorger om hemmet att dryfta med sin älskade hustru.

Nej, skall mina kära pojkar få höra något om **mina pojkår**, är det säkrast att taga till papper och penna. Jag fruktar bara att ej kunna göra innehållet så fängslande, att det roar mina unga läsare. Ungdomen ser ju nog så kritiskt på oss äldre.

Ser ni, unga vänner, alltför mycket fel på stilisering och grammatik så sätt desto mera värde på innehållet, som till större delen är minnen från världskrigets oroliga dagar.

s/s Drottningholm, Nordatlanten, 1 februari 1935

Min håg stod till havet

Mitt hem var beläget på en ö i havsbandet, och vad var väl naturligare, än att jag redan i mina lekar sysslade med bryggor, vatten, båtar och fiskredskap. Antingen det gällde att meta fisk, fånga räkor eller "låna" de lätt tillgängliga farkosterna och ro och segla eller vintertid jumpa omkring på isflaken vid stränderna, så hade den nedärvda hågen till sjön ständigt tillfälle att spädas på.

Från mina tidigaste barndomsår har jag ej några vidare minnen, men en sak står för mig nu alldeles klar: Jag var en verklig tjuvpojke, som förskaffade min mamma oro, mina lärare bekymmer och satte mig själv högt i kurs bland mina kamrater. Jag hade två syskon, en bror äldre och en syster yngre än jag; vår far gick bort tidigt, då vi voro respektive tre, fem och sju år gamla. Som liten saknade jag honom aldrig, utan hade snarare en känsla av att vara friare än andra pojkar. Mamma måste ha haft mycket arbete och mycken omtanke att ensam fostra oss, men hon var ovanligt tolerant inför våra vilda lekar och djärva härjningståg. Jag kan inte påminna mig några förebråelser för nedsmutsade rockar, sönderrivna byxor eller genomblöta skor.

Fastmer står för mitt minne särskilt klart ett streck, vintertid, sträckt över spiseln, där våta strumpor, vantar o.d. upphängdes, och varifrån nästan ofelbart alltid torra och varma persedlar kunde plockas ned. Vi hade ingen fruktan att inviga mamma i våra upplevelser, och dock var det ej tal om bristande respekt, ty de få förbud och föreskrifter, som förehöllos oss, får jag säga att vi åtlödo. Däribland hörde "kojningen"! Mamma ville ha oss i säng eller åtminstone inomhus så tidigt som möjligt om kvällarna, och det fick ske, fast det ofta sved i barnahjärtat, när man låg inne och hörde kamraterna skubba runt husen i timmar efteråt.

Ett enda av mina tidigaste äventyr inträffade medan min far levde, när jag högst egenmäktigt bestämt mig för att medfölja honom på en resa. Han var ägare till och skeppare på ett i mina barnaögon stort och ståtligt skepp, en skonare på c:a 140 ton, som gick i fraktfart på Östersjön.

En dag ligger skutan klar, min far kommer hem på en kort stund för att taga avsked. Jag smyger mig då ut och ned till skutan och lyckas osedd taga mig ombord. Jag gör en liten inspektionsrond på däcket, hittar inget lämpligt gömställe. Efter moget övervägande finner jag det lämpligast att gå under däck. Jag avtager mina tofflor, de äro ju besvärliga att gå med i sådana här trappor, sätter dem ordentligt vid nedgången till kajutan och anträder nedfärden. Därnere är det tjusigt att rumstera ensam; jag ser mig noga omkring, petar på och undersöker saker, som jag aldrig fått vidröra i pappas närvaro. När inventeringen är gjord, börjar jag leka. Jag är kapten på skutan, detta är min kajuta, jag skall strax ge order om att vi skola segla. Väntan blir mig för lång, jag blir trött och olustig, härnere är kvalmigt och sövande. Jag kryper upp i pappas koj och beslutar att invänta avfärden, men jag är snart i drömmarnas värld.

Under tiden kommer min far ombord, allt är klart för avsegling, och snart glider skutan ut. Plötsligt observerar någon ett par små tofflor. De äro strax identifierade och framkallar bestörtning och oro. Har pilten gått överbord, när och hur? Det dröjer inte många minuter, förrän den lille rymmaren är fast och förpassad i lillbåten samt rodd till land.

"Mor"!

De flesta människor ha väl, om de se tillbaka på barndoms- eller ungdomstid, haft någon, som de satt ett särskilt stort värde på, som de beundrat och idealiserat eller hållit varmt av. Min idol, var "mor", och mor var egentligen min mormor. Hon kallades mor av alla, släkt och vänner, unga och gamla. Hela ön kände mor och för alla räckte hon till. Hon var kärnfrisk, god och glad. Gällde det att vaka vid ett sjukläger, svepa en död i dennes kista eller hjälpa en ny medborgare till världen, så var hon ej sen att infinna sig och räcka en hjälpande hand.

Efter min fars frånfälle slöto vi syskon oss mycket till mor, och hon gjorde allt för oss, trots att hon hade mer än nog av arbete att uträtta för sig själv. Och så glad och putslustig hon alltid var. Hos mor fick man svar på allt, hon avstyrde alla våra små bekymmer, och när det såg hart när omöjligt ut att skaffa några slantar till små oundvikliga utgifter, kunde mor åstadkomma även dessa. Alltid kände man sig välkommen hos henne, och besöken förlades egoistiskt nog till de dagar och tider, då man hade på känn, att det vankades något extra gott. Alla pojkar, som hela dagarna härja ute i friska luften, veta säkert, hur sådana där smörgåsmellanmål smaka, och mitt stående utrop, när jag gjorde min entré hos mor, var detta: "Snälla mor, får jag en stor kakebrödssmörgås med tjockt med smör på".

Det var så förunderligt med mor, att hon kom att spela rollen av en räddande ängel för mig. Otaliga gånger, när jag varit ute på något spratt eller råkat ut för något olycksöde, blev det mor, som fick lägga det tillrätta för mig, eftersom hon kom just i det kritiska ögonblicket. En gång, när mamma hade rest till staden, och vi barn voro ensamma, hade min bror och jag kommit överens om att övertala vår syster att få tatuera henne. Själva hade vi redan lyckats styra ut våra händer med dylika märken. Vi hade hunnit så långt, att hon själv tyckte, att det var vådligt käckt att ha sådana märken på händerna, likt riktigt sjöfolk. En verklig sjömansflicka skulle hon bli, fast själva proceduren var hon förstås förfärligt rädd för, ty det skulle ju ej tillgå smärtfritt. Först skulle det ritas ett mönster, och sedan skulle vi sticka med en nål, doppad i bläck. Vi lurade försiktigtvis vårt offer ned i källaren och hade säkert ej dragit oss för att bruka litet våld. Men disputen om operationens utförande och vem av oss, som var den största specialisten på området, blev något högljudd, och föremålet tog till lipen. Då bultar det på dörren, och när vi finna för gott att öppna, är det mor. I en blink har hon situationen klar och förstår, att vi ej äro mogna att lämnas på egen hand för så långa stunder. Det blir därför att få följa med mor hem, men på vägen lyckas vi få hennes löfte att genast sätta igång att grädda plättar. Plättar med mycket socker på är just då vår favorirätt.

När vi sedermera någon gång voro överlämnade åt oss själva, brukade min bror stå för rusthållet, och min syster och jag gjorde heder av anrättningarna, som mest gingo i plättars eller pannkakors tecken.

Första skottet

På ett lass gatsten, nere i en båt eller ytterst på en brygga – Bohus-Malmön gav rätt miljö för lille Otto som ville flänga omkring. Att lyckas få en stulen tändhatt att brisera gav honom emellertid en stel och stor tumme för livet.

Vid nio års ålder ställde jag till med en händelse, som så nära höll på att kosta mig livet eller i varje fall synen. Mitt hem var beläget på en ö i hjärtat av "Stenriket". Befolkningen var hänvisad till ännu en näringsgren utom fisket och sjöfarten, nämligen stenindustrin. Även i detta yrke fanns det många intressanta möjligheter för en odygdig och klåfingrig pojke att finna sysselsättning och roa sig. Ofta voro mina kamrater och jag ute i bergen och "hittade" dynamit och knallhattar. Det var ett stort nöje att stoppa ned dynamit i jorden för att sedan få den att explodera. Denna gång hade jag ej lyckats frambringa någon stubintråd. Trassel är ett brännbart ämne och försöka duger, tänkte jag. Alltså lindades en knallhatt med trassel, och det hela antändes. Min högra hand massakrerades, och ögonen blevo illa åtgångna. I medtaget tillstånd måste jag bäras från olycksplatsen men hade så pass sinnesnärvaro, att jag flera gånger upprepade: "Bär mig till mor". Jag förstod, att hon var starkare än mamma att stå emot en sådan hemsk åsyn, som jag företedde. Det tog mig år att repa mig. Ögonen blevo fullständigt återställda, men min högra hand blev deformerad för alltid. Den sista påminnelsen var år 1928, då en liten kopparflisa kröp fram ur mitt högra lillfinger. Åren strax efter olyckan hände det ofta att dylika flisor växte ut.

Bränt barn skyr elden, heter det, men tyvärr kunde detta ej tillämpas på mig. När jag väl var återställd, och minnet av olyckan fördunklats, var jag ofta ute på dylika dumdristiga upptåg. Oftast lade vi pojkar dynamiten i någon bergskreva, skuttade själva litet högre upp på klippan och kastade därifrån ihärdigt ner stenar tills det äntligen till vår stora förtjusning small. Jag tänker med fasa på hur lätt vi kom åt alla slag av sprängämnen. På den tiden måste det ha varit oerhört slapp kontroll av sådana farliga saker.

Min första förlisning

Vid tretton års ålder for jag en gång till Lysekil och hälsade på en gammal släkting. Så småningom skulle hemfärden anträdas, och för att spara de slantar, ångbåtsbiljetten kostade, skickades jag med en hygglig gubbe, som var ägare till en präktig motorbåt. Frisk västlig vind var rådande, så vi använde oss av både segel och motor.

Hur det nu var, så fyllnade gubben till, och vinden friskade i. Ganska snart insåg jag, att denna resa skulle bliva händelserik. Rätt som det var, hade vi också motorstopp. Med motorns hjälp hade vi kunnat "ligga kurs", men utan den var avdriften alltför stor och seglen alltför små. Jag bad gubben "falla undan" och "länsa" in genom den stora Brofjorden, som vi hade om styrbord. Men han var upprymd och bara skrattade åt mig. Rädd var jag ej, ty simma kunde jag som få. Vi fortsatte alltså vår vådliga färd, och om en stund skulle vi vända; vi hade således börjat kryssa. Vändningen gick bra, ty vi voro i lä av en holme, och sjön var jämförelsevis smul där.

Vi stäva nu på den nya bogen sydvästöver, och den lilla båten kastas hit och dit som en gummiboll. Åter bad jag gubben falla av och länsa in genom fjorden men nej. Livligt gestikulerande under rusets inflytande poängterade han sin oerhörda skicklighet som sjöman och desutom, att det var han, som var "kapten" och att kaptens vilja var lag. Snart nog närmade vi oss åter land, en större holme, men denna gång voro vi ej i "lä" utan till "lovart"

Slutligen gav kapten order om att "gå över stag". Sjön var emellertid för hög, och båten gick ej "över". Gubben försökte nu att "kovända" men med samma dåliga resultat, och den höga sjön tog oss närmare och närmare land. Gubben flög då ned i motorrummet för att om möjligt få bukt med motorn, men denna, som var gammal och trött, sade blankt nej. Vi voro nu helt nära land, en väldig sjö tog oss mot den hårda bergbotten. Ytterligare en jättesjö kom, och med dennas hjälp placerades vi en bra bit upp på land. Båten gick läck, och rodret tappade vi. Jag satte mig i säkerhet genom att hoppa iland. Skepparen tog saken mera lugnt, han gick ned i kajutan och hämtade upp en svensk flagga, som han därefter hissade på halv stång. Detta skulle vara nödsignal. Dessutom var det ju en gammal sed, att fartygets befälhavare ej lämnade sitt fartyg, förrän det började sjunka.

"Jag stannar här", sade gubben, "av den enkla orsaken, att vi ej kan sjunka". Han hade rätt, båten stod högt uppe på land. Holmen, som vi stod på, var obebodd. Framåt kvällningen hade vinden mojnat något, och vi fingo hjälp av ett par förbipasserande kraftiga fiskebåtar. Vi lade en tross om masten högt upp och formligen välte av båten. Den var ganska mycket läck, och vi hade jämnt jobb vid pumpen för att hålla den flytande. Våra räddare släpade oss till Lysekil, där båten omedelbart halades upp på slip.

Sent på kvällen inställde jag mig åter hos min släkttant och omtalade med en viss stolthet min första förlisning.

Jag kände mig som en hel karl när jag hade fyllt fjorton, "stått på gången", fått långbyxor och skaffat mig jobb på jakten "Selma" som styrman, besättningsman och kock m.m. "Selma" var ett bra fartyg, som gick traden Uddevalla-Stenriket, men var icke bland de större farkosterna, som gingo samma väg i samma syfte. Kapten Lars var en god sjöman, och när han placerat 27 ton last och litet till, var han stolt. "Selma" var många gånger lastad till luckkarmen, men skrovet var gott och kaptenen säker både på sig själv och "skutan". Var vi färdades fram, voro kapten Lars och hans "Selma" högt aktade.

Sista resan jag var med, gingo vi på grund. Skepparen stod själv till roders vid tillfället, och den ballastade farkosten krängde över ganska mycket. Han blev ond och ansåg, att det var mitt fel, eftersom jag skulle hålla utkik. Jag framhöll min ringa erfarenhet och att jag skulle laga mat samt hålla "Selma" ren och fin. Kapten Lars var emellertid en "hyvens" man, och då vi ett par timmar senare hade kommit av grundet med hjälp av ett varpankare och dessutom ej blivit sedda, mjuknade han. Vi fortsatte färden och kommo lyckligt till Uddevalla för att som vanligt lasta kol. Sex hela kronor hade jag för varje rundresa, och kunde vi göra tre per månad, blev det ju 18 kronor min månadspeng uppgick till. Jag lämnade dock kapten Lars och hans jakt efter ett halvår för att försöka min lycka på större fartyg och längre trader.

Min första ångare, s/s Saga av Göteborg

Som jungman ombord på ångaren Saga av Göteborg gjorde jag vid fjorton och ett halvt års ålder min verkliga sjöresa. Vi gingo mellan Göteborg och London. Båten var bra, och jag trivdes utmärkt, men det fanns en hel del nytt, som man måste vänja sig vid beträffande disciplin och tjänstgöring. Båtens rörelser i grov sjö föreföllo mig en smula främmande, emot vad jag varit van vid. En obehaglig känsla i maggropen tilltog mer och mer, och jag föredrog att hålla till på däck, helst i omedelbar närhet av relingen.

Det dröjde ej länge förrän jag offrade åt havet, vad det begärde av mig. Dock blev mitt offer mig väl dyrt, ty även min nya keps togo vinden och vågorna. Mitt mod, som hittills alltid tangerat övermodet, flydde, och i dess ställe inställde sig en sugande hemlängtan. Stormen bedarrade emellertid, och den första sjösjukan blev desto bättre den sista. Och hastigt påkommande längtan hem gjorde sig aldrig mera gällande, än den bör göra hos varje människa, som har den stora glädjen att äga ett hem och kära anförvanter.

Min allra första tjänstgöring på utgående från Göteborg var att hålla vakt midskepps. Vad denna tjänsteutövning skulle bestå i, hade jag ej riktigt klart för mig. Styrmannen på bryggan visslade, jag hörde det och undrade. Han visslade på nytt, och på nytt funderade jag. Efter en ny och mycket gäll signal beslöt jag mig för att gå fram och titta efter, vad han roade sig med. Efter den "titten" visste jag, vart man skulle vända sig, när vakthavande styrman visslade, och man själv var satt på vakt.

Carl-Otto arbetar på londonbåten Saga när han fyller femton. Det firar han genom att köpa två liter brännvin vid "Fiskeflåten" för att festa med kamraterna i skansen.

Vi gjorde flera resor och, den 20 juli skulle jag fylla 15 år. Liggande i Göteborgs hamn på denna min stora dag frågade jag mina skeppskamrater, vad jag dagen till ära fick bjuda dem på. Alla svarade med en mun, att fyller man år och är ombord i en båt, bjuder man alltid på snaps. Det var ju ett enkelt festarrangemang. Brännvin var inte svårt att skaffa.

Jag stack iland, och uppe vid "Fiskeflåten" inköpte jag spriten, två liter för säkerhets skull, så att inte någon skulle tycka, att jag var snål. Pojkarna hade en festlig kväll och jag med.

Några dagar senare skulle matros Allan Olsson gifta sig, och vi blevo allihopa bjudna på bröllopet. Emellertid fick jag smörj såpass grundligt, att jag kände mig allt annat än i festhumör, och min kulör var heller inte vidare klädsam. Vi höllo på att vaska och kläda oss, innan vi i samlad trupp skulle ge oss av till bröllopshuset. En äldre kamrat var en sådan där gynnare, som förstod sig på att ta' ut tjänster av sådana, som han visste sig kunna rå på. Jag hade hämtat en pyts vatten till mig, och då jag ej godvilligt ville lämna den ifrån mig, tog han den med våld. Aldrig, tänkte jag och fick ett lämpligt tillfälle att sparka omkull pytsen. Han var därefter ej sen att ge mig ett prov på sin råa kroppsstyrka, och efteråt återstod mig inget annat än att försaka bröllopsfesten.

Vi rullade vidare på Nordsjöns oroliga vatten, men denna rullning fick ej fortgå ostörd. Endast ett par veckor efter min första födelsedag till sjöss kom Englands krigsförklaring som svar på andra sådana. Vi voro då liggande i London och fingo där telegrafisk order att avgå snarast möjligt. Med c:a 500 passagerare lämnade vi London i största hast. Folk blev som galna, jag minnes, att en stor hop människor stodo på dockan och ropade och gräto, för att de ej kunde beredas plats ombord. Vi kommo lyckligt till Göteborg, där inloppet redan var spärrat med minor. Även här verkade folk i hög grad nervösa och uppjagade. De flesta av mina kamrater togos till mobiliseringen, och båten förtöjdes i "Kustens bojar" och skulle icke gå, förrän kriget var slut, sades det. Världskriget hade börjat.

Min andra ångare, s/s Nordic – vi kapas

Någon gång i slutet av september 1914 flyttade jag med min sjömanskista ombord i den nybyggda s/s Nordic från Göteborg. Min glädje var stor, ty nu skulle jag ut på en riktig långtur, Sverige - Sydafrika - Australien - Amerika - Sverige. Vi lämnade alltså kriget för gott, ty vid vår hemkomst om ett år, skulle det naturligtvis åter vara fred.

s/s Nordics besättning. Carl-Otto andre man från vänster under bryggan. Efter segling jorden runt kapas fartyget. "Folk hojtade och skreko som galningar i glädjen över att se ett kapat fartyg med engelskt prismanskap ombord."

15 år och redo för sin första världsomsegling.

Fast vår båt var stor och ny, var den ändock ej utrustad med trådlös telegraf. Vi hade alltså att hålla oss till signalstationerna iland för att överhuvud taget få veta något nytt. Ungefär åtta dagar efter vår avgång från Göteborg passerade vi en dylik station på Kanarieöarna, och kapten signalerade: "Vad nytt om kriget?" Svaret blev endast: 'Kriget fortgår." Så småningom uppnådde vi Kapstaden och Durban i Sydafrika. Intet nytt, både kriget och vi fortsätta.

I närheten av australienska kusten siktade vi två dagar före julafton en stor norsk segelskuta med signalen VZS hissad. Denna betyder: "Kort på proviant". Eftersom vi voro välförsedda, stoppade vi och delade gärna med oss. Skutan var på resa från Vita havet till Australien och nära nog vid målet, då provianten började tryta. Vi berättade för dem om kriget, och om detta hade de ej den blekaste aning om, trots att det pågått i fem månader. Senare träffades vi i Port Adelaide och hade några glada dagar tillsammans.

Det skulle naturligtvis finnas mycket att berätta om livet ombord på en sådan långresa. Synd att man inte gjort dagboksanteckningar mellanåt. Så här många år efteråt sviker mig verkligen minnet på detaljer. Jag tycker mig endast minnas, att livet gick sin gilla gång med skiftande väderlek, vakter och frivakter.

Från Australien lades kursen över till Galveston i Texas via Panamakanalen, som just då öppnats. Vid passerandet av Påskön gjorde jag min första bekantskap med kriget. En tysk hjälpkryssare vid namn Prinz Eitel Friedrich hade här sänkt två kollastade segelskutor, en engelsk och en fransk. Efter att först ha försett sig rikligt med bunkerkol placerade tysken beättningarna på denna idylliska ö och skutorna på havsbotten. Alla av besättningarna ville först gärna därifrån, men den franske kaptenen och ett par man ångrade sig i sista stund och stannade kvar. Vi fingo sammanlagt ett tillskott på 45 man. Som logement fingo 4:ans och 5:ans lastluckor tjänstgöra, och det gick utmärkt i det vackra vädret. Vi ankommo senare till Panamakanalens västra inlopp och avlämnade dem alla där välbehållna.

I amerikanska hamnar lastade vi därefter full last av bomull, antagligen till Tyskland via Göteborg. Med denna dyrbarhet skulle vi smyga oss över Atlanten, men kapades i närheten av Färöarna av en engelsk hjälpkryssare trots att vår skeppare försökte "bluffa" mötande fartyg på Atlanten genom att ändra kursen och styra på engelska kanalen. Engelsmännen satte prismanskap ombord, och dessa förde oss till Kirkwall. Senare fingo vi fortsätta under deras ledning till Manchester för lossning.

En annan svensk båt, Indianic, låg också till ankars å redden i Kirkwall. Vår 2dre styrman undrade, vad flagg den förde på förtoppen. Jag hade ankarvakt, och med en tjuvlånad kikare konstaterade jag snart, att det var en man och icke en flagga. Detta upplyste jag styrman Persson om, och han föreslog mig skämtsamt att sitta ankarvakt på vår förtopp. Vid hemkomsten träffade jag min broder, och han berättade, att han var ombord i ovannämnda båt och att det var han, som satt på toppen just den där gången. Således hade jag stått och tittat på min egen bror i ett främmande land, dock utan att veta, att han fanns där. Världen är liten och postgången synnerligen dålig under krig.

Så småningom hamnade vi i Manchester i stället för i Göteborg med vår värdefulla bomullslast. Jag skall aldrig glömma vår resa upp genom Manchester-kanalen. Folk hojtade och skreko som galningar i glädjen över att se ett kapat fartyg med engelskt prismanskap ombord.

I slutet av juni 1915 anlände vi till Malmö efter vår jordenruntresa, och hela manskapet utom jag avmönstrade. Min avsikt var att stanna ytterligare en dylik resa. Men efter att ha varit i Aalborg och Fredrikstad lämnade jag fartyget vid ankomsten till Göteborg.

Detta ångrade jag mycket sedermera, då min nästa båt ej var att jämföra med "Nordic", varken vare sig storlek eller bekvämligheter. Men det var väl sommaren, antar jag, som lockade mig att resa till mitt hem för att vila, bada och ha det bra.

Sexton år. Redan seglat runt jorden. Redan mött krigshysteriska människor. Redan satt en värdig stil för resten av livet.

s/s Runa av Göteborg

Nej, detta badgästliv passade inte mig. Redan efter några dagar längtade jag tillbaka ut till mitt arbete på havet, eller var det kanske mest efter nya äventyr? När jag varit landkrabba i 10 dagar, inmönstrade jag därför å s/s Runa från Göteborg. Båten var liten och gick endast på Sverige, Norge och Tyskland. Ombord här var det, jag skulle göra min första bekantskap med de allt annat än behagliga sällskapsdjuren vägglöss. I skansen, som låg en trappa ned under backen, bodde vi tillsammans, däck-, maskinpersonal och vägglöss. Mitt rum i land kostade mig hela 50 öre per natt, och för att bespara min klena kassa denna utgift, gick jag ombord redan kvällen före.

Natten blev hemsk, odjuren vädrade tydligen ett nytt offer och kastade sig över mig, innan jag hann somna. Kamraten i kojen ovanför vaknade och undrade, varför jag var så orolig. Jag omtalade min strid med mina fridstörare, och att jag ej var van vid dylika plågoandar. "Det var ej heller jag i början, men man vänjer sig snart", tröstade han. "För övrigt", fortsatte han, "visa dem litet mera tillmötesgående, så bli de snälla även mot dig". Men månader gingo med detta för mig fullkomliga martyrium. Först fram på hösten, när det blev kyligare, blevo vägglössen ej fullt så aggressiva. Dessutom tyckte jag mig märka, att de ej voro så svåra mot mig till sjöss som i hamnarna. Kanske ledo de av någon slags sjösjuka?

Vi gingo hela tiden på Tyskland med sill och konserver från Väst-Norge, returlasterna voro i regel kol och koks. En av "Fattig-Lasses" båtar, som avgick till Norge samtidigt med oss, kom aldrig fram, och vi började därför att känna oss oroliga för minor. På vår sista resa för året passerade vi otaliga minor mellan Lindesnäs och Skagen. Vi stoppade en mötande dansk ångare och varnade befälet för minorna, men dessa å sin sida hade sett minst lika många och voro bekymrade för vårt öde den tillstundande natten. Jag fick frivakt kl. 7 em. och kröp ned i hålet under backen och lade mig samt sov relativt lugnt. Detta tillskriver jag ungdom och dårskap.

Runa, befälet och maten voro utmärkta. Jag skall aldrig glömma så god mat vår föreståndarska lagade, och så rent hon höll i 'byssan". Enbart det var en glädje. Men skansen var vid en kollision med en mina absolut olämpligt placerad. Ingen skulle kunna taga sig upp levande, och det verkade avskräckande. Dessutom fingo vi en svår och kall resa från Stettin till Göteborg. Hela båten var nedisad, och vi fingo hugga hål på isen, då vi skulle ned i skansen.

Vid nyårsmönstringen i slutet av januari månad 1916 ansåg jag mig därför utan saknad kunna lämna fartyget. I tre hela veckor stannade jag iland men längtade snart åter till sjöss. Det började även bli ebb i min kassa.

Briggen Zaima – bomber i hamn, en ubåt till havs

I slutet av februari låg detta stolta fartyg, det sista som byggdes vid Gamla varvet i Göteborg, färdigt att avgå. Vi hade intagit full last av plank och slipers och väntade på gynnsam vind. För en sjöman var det en fröjd att titta på och en ära att segla med ett så vackert fartyg. Kaptenen hade fört skutan i många år och var dessutom smått delägare.

En dag kom bogserbåten Hugo och bjöd oss sin hjälp till Vinga, varifrån vi sedan fortsatte på egen hand till Sunderland, vårt mål. Skansen var här placerad vid fockmasten, ett utmärkt läge vid en eventuell minkollision. Men sorgligt nog var det även här allt för gott om de närgångna "skeppslopporna". Mestadels bäddade jag åt mig på "durken". men vid minsta överspolning stod där vatten, och då återstod intet annat än att ligga i kojen och slåss med mina plågoandar. På min föregående båt hade de liksom blivit "tamare", när vi voro till sjöss och lämnade mig ifred någon gång, men dessa här ombord blevo alltmera livliga. Slutligen bytte jag koj med en kamrat, som ej fäste sig vid "skeppslopportnas" härjningar. Jag fick den bästa sovplatsen i hela skansen, och sedan gick det bättre.

Vi hamnade lyckligt och väl i Sunderland. Polisen kom ombord och förbjöd oss samtliga att sätta foten iland under vårt uppehåll där. Undantag för detta stränga förbud gjordes dock för kaptenen. Han fick nämligen i en soldats sällskap vistas iland mellan kl. 11 fm. och 1 em.

Lossningen gick sakta, ty vi utförde allt arbete själva. Så började vi bli oroliga, att tyska flottan skulle komma och bombardera, vi lågo just i skottlinjen till en gasklocka, och vi inbillade oss, att de skulle sikta på denna.

På briggen Zaima fick Carl-Otto vara med om att Sunderland bombarderas av luftskepp och att briggen prejas av en ubåt till sjöss. Fotot inramat av hans bror Herman på traditionellt sjömansvis.

Våra farhågor visade sig vara berättigade. En natt vaknade vi vid ett häftigt bombardemang. Den gamla skutan skakade, och vi blevo alla mer eller mindre förskräckta. Bleka väntade vi på att gasklockan skulle springa i luften, och vi göra den sällskap. Slutligen var det en av pojkarna, som vågade sig utom dörren, och han konstaterade, att det var ett luftangrepp. Vi stängde åter väl igen om oss och tyckte, att vi voro under tak.

Efter c:a 10 minuter blevo explosionerna svagare, och vi gingo ut på däck. Luftstyrkan hade då dragit sig norröver, och den enda båt i hamnen, som blivit skadad, var en ännu ej färdigbyggd lastångare. Till all lycka var besättningen ej påmönstrad. Bomben hade träffat fartyget på backen och åstadkommit stor förödelse, sades det. Skadorna på båten eller iland fingo vi icke se, vi voro landgångsförbjudna. Några dagar efter denna händelse förhalade vi och intogo last av kol till Göteborg. Jag får erkänna, att upplevelserna av luftangreppet satt stor skräck i mig. Hittills hade man åtminstone känt sig lugn i hamn. Nu var det lika osäkert både till lands och vatten. Minorna hade till dags dato haft den största respekten med sig. Undervattensbåtarna voro ej fullt så farliga, de varnade alltid först, d.v.s. de gåvo besättningarna tid att komma i livbåtarna, innan de företogo sitt förstörelseverk. Snart nog lämnade vi Sunderland och satte kurs på vårt kära Göteborg, dit vi anlände efter endast två dagars segling.

I Göteborg började som vanligt ett styvt arbete med lossning av lasten, allt gick för hand och utfördes endast med besättningen. Så en dag kände vi oss föranlåtna att hos kapten anhålla om förhöjda löner. Min skulle då bliva ändrad från åttio till hundra kronor. Skepparen nekade blankt, trots att vi framhöllo vårt styva jobb och hur risken på havet blev större för varje dag. Han påpekade bara, att vårt mönstringskontrakt varade till årets utgång eller fartygets uppläggning.

Vi gingo då samtliga iland förklarande, att, om nu inte vårt arbete var det, så var i alla fall våra liv värda några kronor till per månad. Efter tre dagar erbjöd sig kapten att betala de löner, vi önskade, och detta gingo vi glatt med på samt återvände ombord. Mitt unga liv ökade alltså i värde och kunde nu taxeras till modiga 100 kronor per månad plus mat och logi. Vi fingo visserligen lön även för de dagar, vi voro iland, men senare fingo vi också betala tre dagars stuvareräkning. När jag tänker på denna lilla malör, måste jag skratta. Kaptenen hade rätt, vi voro kontraktsbrytare, och dessutom hade vi burit oss illa åt.

Så utkämpades det stora Nordsjöslaget. Kaptenen tyckte då, att tidpunkten var lämplig till att försöka segla över Nordsjön, ty tyskarna, som skulle kapa eller rent av sänka oss, voro troligen tillfälligt trötta. Alldeles riktigt uttänkt; i tre veckor lågo vi och drevo stiltje, och var det vind emellanåt, var den motig. Äntligen lågo vi utanför inloppet till Leithsfjorden, och fingo vi bara vind, skulle vi snart vara framme. Men vinden uteblev.

En eftermiddag började de engelska krigsfartygen i den stora fjorden att röra på sig, de snokade runt omkring oss och sökte säkerligen efter tyska undervattensbåtar. En jagare kom upp långs sidan och frågade efter destinationsorten. "Leith, bara vi få vind', svarade skepparen. Chefen betänkte sig ett ögonblick, och så sade han: "Giv hit en bogserkabel." För detta erbjudande blevo vi naturligtvis mycket belåtna och stodo gärna till tjänst med en tross. Vår gamla brigg satte åter fart efter att ha legat och slöat i vackert väder under hela överresan.

Jagaren släppte oss utanför Leith, vi tackade för hjälpen och ankrade upp. Åter i England, landet med permissionsförbud och massor av föreskrifter. Allt måste följas, ty eljest kunde det bli allvarliga obehag för kaptenen. För övrigt kändes det relativt tryggt här, så pass långt norr ut fruktade vi ej direkt några krigiska överrumplingar iland. Men ute var det i sanning oroande. En skuta, som lämnade Göteborg ungefär samtidigt med oss, kom aldrig fram. Nu låg här en gammal brigg, som några månader senare gick samma öde tillmötes.

Vi gjorde ytterligare en resa över Nordsjön och hamnade senare välbehållna i Bergen. Inga ubåtar hade vi sett till, och kontraband hade vi seglat med hela tiden. Kaptenen påstod därför övermodigt, att när vi nu i nio månader seglat fram och åter över Nordsjön och ej sett en enda ubåt, var det solklart, att det inga funnos. Men vi hade endast haft god tur, ty ubåtar fanns det gott om, och talrikare blevo de för varje dag.

På resa mellan Bergen och Göteborg seglade vi en dag för öppen laber vind, då plötsligt en stor ubåt dök upp alldeles framför bogen på oss. Vi fingo fort tag i en svensk flagga, som hissades. Den tyska ubåten satte också sin flagga, vi hälsade, och den besvarade hälsningen artigt. Därefter gjorde den en lov omkring oss och försvann åter i djupet. Vår kapten hade blivit överbevisad om ubåtarnas existens.

Efter ankomsten till Göteborg lämnade jag min gamla skuta.

Detta var i november. Året efter såldes den, och även den nya skepparen klarade sig för tyskarna, men i en hård storm blev den ilanddriven vid Marstrand och blev vrak. Besättningen räddades. Två av mina kollegor från detta fartyg omkommo emellertid sedermera under kriget. Kaptenen och förste styrman gingo ej mera till sjöss. De voro båda gamla och behövde säkert vila efter ett strävsamt liv på havet.

s/s Union av Langesund – en ubåt prejar

Efter att i två veckor ha trampat fosterjorden, stack jag till sjöss med en liten norsk båt med ovanstående namn och hemmahörande i Langesund. Vi seglade med props, d.v.s. kontraband i högsta potens. Utefter svenska och norska kusterna smögo vi oss som storförbrytare. Julafton firade vi liggande på Rivöfjorden till ankars. Vi grabbar fingo äta i befälets mäss, och befälet åt med kapten i salongen. När jag såg alla ljusen från Göteborg, var det inte utan att jag kände mig en smula vemodig och besviken och önskade, att jag kunnat flyga iland.

På juldagens morgon, när vi skulle lätta ankar och avgå, befanns det, att roderledningen frusit, och vi fingo ett styvt arbete med att lämpa upp däckslasten och klara densamma. Vi försökte först klara den med kokhett vatten men utan resultat. Kaptenen blev ond, för att vi låtit något sådant som detta hända. Styrmännen grälade på kökspersonalen, för att de slagit ut vatten i rännstenen.

Det hela var en mörk början på julen, men det klarnade för oss så småningom, när vi fingo allt i ordning. Under eftermiddagens lopp passerade vi först Lysekil och något senare Malmön. Det var ej vackert gjort av ödet, att på själva juldagen 1917 föra mig så nära dessa välkända klippor och skär, utan möjlighet att nå hemmet. Vid Hållö fyr bytte vi lots, och jag hade då haft möjlighet att sända ett meddelande till min moder. Men jag kunde ej förmå mig till att berätta, hur nära jag varit hemmets dörr utan att få komma in.

Färden gick vidare med lots ombord och så nära land som

möjligt. Tidigt på Annandagen fingo vi norsk lots och gingo senare på dagen in till Langesund, för att, som kaptenen sade, kola. Det var ett vackert drag av honom att bereda både sig själv och sin besättning en dag i lugn och ro.

Kvällen tillbringade jag iland på en religiös kvinnlig klubb, vilken inbjudit allt sjöfolk i hamnen på samkväm med kaffe. Jag minns särskilt, att festen var synnerligen lyckad, men att jag uppträdde i lånta fjädrar. Min bästa och enda kostym hade jag nämligen hängt kvar i Göteborg till förvaring, en försiktighetsåtgärd i händelse, att fartyget skulle bliva sprängt i luften. Livhanken hoppades jag ju alltid klara.

På Tredje dag jul passerades Lindesnäs, och då började åter oron och spänningen. Skulle vi klara oss eller icke, det var frågan. Ett 'brott" vräkte över akterskeppet och gjorde rent hus för allt, vad däckslast kallades. Det var, som synes, flera än tyskarna, som hade ett gott öga till vår last. Dock, vi framkommo välbehållna till Shields och fingo t.o.m. tillstånd att gå iland på närmaste bar.

I Shields stannade vi ej länge utan avgingo snart fullastade till Drammen. Ca 70 sjömil väst om Lindesnäs kl. 7.30 på morgonen smällde ett kanonskott framför vår bog. Vakthavande styrman slog ögonblickligen stopp i maskin. Detta hjälpte ej, ytterligare ett par kanonsalvor dånade, och kulorna veno framför oss. Kaptenen var snart på däck, en livbåt firades i sjön och roddes över till ubåten för att visa skeppspapperen. Vi voro ju på resa till en neutral hamn, så någon anledning att sänka oss just nu, förefanns icke.

Säkert ett par timmar lågo vi långsidan ubåten, och troligen förfrågade sig denna per trådlös telegraf, hur det skulle förfaras med fallet; först när ett nytt men trälastat offer uppenbarade sig lämnade de oss efter att på skarpen ha utlovat att passa på, när vi återvände propslastade till England. Då skulle vi sänkas.

Mitt fasta beslut var nu att vid framkomsten gå iland och vänta, tills kriget var slut och först då fortsätta min sjömansbana. Men därav blev intet. Vi lossade och lastade som vanligt och voro snart åter på väg till England med kontraband. Även denna gång gick det lyckligt, och vi anlände till Blyth samt hade således lurat ubåten, som så tvärsäkert skulle passa oss.

Under vårt uppehåll här hände emellertid en betydelsefull sak, som lamslog all sjöfart på Nordsjön och fyllde till brädden sjöfolkets sinnen med vemod. Tyskarna läto meddela, att de fr.o.m. den 6 febr. 1917 skulle utan föregående varning sänka alla fartyg, som befunno sig inom vissa av dem bestämda gränser. Inom denna farliga zon lågo engelska och franska kusterna samt större delen av Nordsjön. Genom denna kraftåtgärd blev så gott som all sjöfart även från och till skandinaviska hamnar stoppad för en tid. På grund av nyssnämnda hot lågo vi stilla i Blyth ungefär tre veckor. Intet fartyg ankom eller avgick på hela denna tid. Iland fingo vi icke gå, så vi kände oss som fångar. Vi fingo ej röra oss fritt på havet och ännu mindre iland. När och hur detta skulle sluta? Massor av oskyldiga sjömän hade redan fått sätta till sina liv. Skulle även jag bli en av dessa?

Omkring den 22 febr. lät kapten meddela, att han tänkte avgå med fartyget från Blyth och försöka taga sig över till Bergen. Det var med blandade känslor, vi mottogo denna order. Glada voro vi väl att slippa denna fångenskap men nedstämda, när vi emotsågo tyskarnas välriktade kanonkulor, som väntade utanför hamnpirarna.

Två dagar senare voro vi emellertid klara för avgång, lotsen steg ombord och så bar det av. Lotsen lämnade oss redan innanför vågbrytarna, och då kaptenen frågade varför, blev svaret endast en skakning på huvudet och en liksom beklagande gest.

Men vad var att göra, vi måste till varje pris söka oss ut ur vår fångenskap, ty en sjöman passar minst av alla till sådan.

Alltså lämnade vi Blyth och England utan större saknad. S/s Union var den första båt, som avgick från nämnda plats, efter det tyskarna bestämt sig för att skjuta utan föregående varning. Väl utkomna började vi riktigt fatta mod, vi gingo t.o.m. och resonerade om att vi eventuellt skulle kunna ramma den ubåt, som vågade beskjuta oss. Detta var naturligtvis barnsliga funderingar, men å andra sidan, var det vårt enda försvarsmedel, om man bortsåg från skepparens mycket rostiga pistol.

Vi voro på väg till Bergen via Lerwick. Den sistnämnda platsen anlöpte vi för att erhålla instruktioner angående minfält o.d. Tre à fyra timmar efter vår avgång från Blyth siktade vi något rätt förut. "En ubåt", skrek någon. "Hårt babord", kommenderade kapten. Vi voro rätt nära land och ville söka skydd. När vi gjort en skarp gir och fått föremålet, som vi trodde var ett periskop, akteröver, tittade vi noggrannare och upptäckte, att det var en tunna med en stake på. Antagligen ett slags flytetyg för fiskredskap.

Vi passerade Pentland och ingenting hände; vi började bliva mer och mer modiga. Slutligen ankrade vi på redden i Lerwick, krya, duktiga och välbehållna. Kaptenen gick iland för att få de omtalade instruktionerna, och vi togo igen oss ett tag.

En av besättningen passade då på tillfället och bröt upp skepparens spritskåp, söp sig full och ställde till bråk. Vid sin återkomst gav kaptenen mannen ett välförtjänt kok stryk och låste därefter in honom. Han nyktrade snart till och ångrade djupt sitt beteende. Kaptenen skakade hand med den ångerköpte och förlät honom gärna.

När vi åter kommo till sjöss, satte vi kurs på Bergen, busväder och dålig sikt gynnade oss nu som många gånger tidigare, och några ubåtar uppenbarade sig icke. Vi voro också rätt mycket försenade vid ankomsten. Lotsarna vid Marstens fyr hade väntat oss ganska länge och trodde, att vi hade gått till de sällare jaktmarkerna. Mycket nöjda voro vi att ha kommit "över" och inte så litet stolta över att ånyo ha lurat tyskarna. I närheten av Bergen lossades lasten, och sedan bar det av till Langesund, där vi mönstrade av och fartyget lades upp.

Två halmstadsgrabbar och jag skulle ha ressällskap till Göteborg. Vi voro, som jag redan förut nämnt, ej utrustade med "kostymer" och reste således i renvaskade blåkläder. Det gick fint utom på ett hotell i Horten, där vi nekades tillträde. Just som vi skulle taga till reträtten, kom vår 2:e maskinist tillstädes och klarade oss in genom en liten historia. Vi voro en del av en torpederad besättning, som utblottade på allt ej ännu hunnit skaffa oss kläder, förklarade han. Vi sluppo in och blevo t.o.m. artigt och vänligt emottagna. Endast en natt lågo vi där; nästa dag fortsatte vi med färja till Moss och därifrån med tåg till Göteborg. Åter var jag i Göteborg, åter var jag klädd i kostym, och med pengar på fickan började jag känna ett visst människovärde.

Två och en halv månad iland – mina sprängs

Efter att ha roat mig några dagar i Göteborg bar det av till Malmön för att glädja de mina. Kriget hade här kanske mer än någon annanstans i Sverige satt sin prägel, som givetvis var ganska sorglig. Detta förut en gång så livaktiga stenindustri-samhälle hade fått en verklig "knäck". Ett och annat skott hördes visserligen ibland ute i bergen, men det var också allt.

De krigförande länderna hade icke längre intresse av stenpro-dukter i någon form, och därmed började en svart tid för öborna och hela "stenriket" i övrigt. Någon enstaka båt kom och lastade exempelvis på Cuba, men även den marknaden tog snart slut. Min kära barndomsö var sig olik och dyster. Man hörde ej längre de gälla signalerna från tågen, som drogo de stora tågsätten med sten från mitten av ön till lastningsplatserna. Folket gick omkring och hoppades på bättre tider, bara detta människovidriga krig var över.

Till kyrkogården ställde jag mina steg för att bese två sjö-mansgravar. I den ena vilade två tyskar och i den andra en eng-elsman. Enkla vita kors voro resta till deras minne, och inskriptionerna lödo: "Endast Gud känner deras namn". Dessa män hade fallit i Nordsjöslaget och här fått sin sista viloplats långt borta ifrån sina kära. Det finnas många sådana gravar utmed väst-kusten och befolkningen vårdar dem i regel med helig omsorg. På mig gjorde dessa gravar ett djupt intryck, jag hade ju i nära tre års tid kryssat på det osäkra havet, nu mer och mer fyllt av farligheter. De tycktes vara mig en varning.

Från kyrkogården, som är belägen på sydöstra sidan av ön, fortsatte jag ut på västsidan. Det blåste frisk västlig vind, och ef-tersom hela havet låg på, blev det stark sjögång. Denna sidan av ön har sedan mina tidigaste barnaår varit för mig en stor tjusning.

Här kunde jag ofta finna saker uppkastade av sjön. Här var det roligt att studera jättesjöarnas slagkraft mot klipporna. Vågornas lek iakttog jag från att de började bryta långt ute tills det de kastades långt upp på land och "krossades".

Men idag blev det inte, såsom förut, vågorna, som fångade mitt intresse, nej, mitt intresse var riktat på ett stort sfärformat ting, en med flera horn försedd mina. Den låg mellan ett par stora stenar och rullade, när sjöarna spolade över den. Jag fruktade först, att den skulle explodera och drog mig därför tillbaka. Samma åsikt hade emellertid icke "Kalle på berget", han hade nyligen exercerat sjöbeväring och trodde sig t.o.m. kunna oskadliggöra minan, minexpert, som han trodde sig vara. Han avstod dock från detta farliga tilltag och i stället tillkallades ett av flottans fartyg, som för tillfället låg i Lysekil. De verkliga experterna kommo och lade en sprängladdning på toppen av minan. Därefter sökte både de och vi skydd bakom en bergknalle, varefter laddningen antändes på elektrisk väg. Med en kraftig smäll förintades minan och gjorde ett gapande hål i berghällen. Min ö hade stått emot många tusen liknande smällar, ja, kanske ännu kraftigare utan att förstöras. Men tänk er, när fartyg råka på sådana vidunder och träffas på en sårbar punkt. Efter några minuter försvinna de i djupet, kanske med man och allt.

Efter sjömansgravarna, denna kraftiga minsmäll och allt jag kunde läsa om ubåtskriget när jag nu var i land, tycktes mig nu mitt sjömansyrke rätt betänkligt. Men nästan lika betänkligt var det, att min kassa hunnit bliva läns. Ett jobb måste anskaffas, och därför återvände jag till Göteborg, som jag ansåg vara möjligheternas plats. Nästan genast lyckades jag få plats på en bondgård i närheten av staden. Jag passade emellertid icke bonden, och bonden passade ännu mindre mig. En ung sjöman, glad i hågen, var givetvis dömd att misslyckas bland kor och ladugårdslukt. Efter två veckor packade jag därför min sjösäck och "mönstrade" av. Jag längtade tillbaka till fartyg och havet eller åtminstone till någon plats, där sjön och fartyg vara synliga.

Några dagar efter återkomsten till den goda staden Göteborg, knallade jag gata upp och gata ned utan ett öre i fickan. En dag tänkte jag "smälla" farsans gamla silverrova, men ack, de ville bara ge mig sju kronor, och med detta ringa belopp skulle jag ej klara mig långt. Jag tog mig så en funderare på saken och mötte så plötsligt en släkting till mig. Han var omtänksam nog att fråga, hur jag hade det ekonomiskt ställt, och när jag svarade, att det var dåligt ställt med ekonomien, bisträckte han mig med en tia utan minsta påtryckning från min sida. Säkerligen har han redan för många år sedan glömt detta, men det har icke jag. Den tian räddade mig och farsans silverrova ur en brydsam situation.

Emellertid hade det börjat ljusna något inom sjöfarten. Stora konvojer gingo via Bergen över till England. Jag hade dock blivit skrämd för Nordsjön och beslöt mig därför att antaga ett erbjudet jobb på en liten båt, som hette Engelsberg och tillhörde Johnsonlinjens kustflotta.

s/s Engelsberg av Stockholm

I slutet av maj månad 1917 mönstrade jag på ovannämnda fartyg. Båten var en nybyggd "bakladdare" och mycket bra. Vi seglade endast i kusttrafik och hade icke någon nämnvärd känning av kriget, d.v.s. en smula risk fanns givetvis alltid för minor.

Ombord här gjorde jag en verklig malör. Vi hade vår mäss akterut, och ibland brukade vi öppna dörren och slå ut kaffe i rännstenen. Kaptenen hade märkt det och förbjöd detta tilltag. Med sina tre breda guldgaloner på ärmarna var han en mycket bister herre, som fordrade ödmjukhet och absolut lydnad. En dag var emellertid kaffet sämre än någonsin, och jag dristade mig till i ilskan att slunga ut min skvätt. Olyckligtvis hamnade det inte i rännstenen utan på skepparen, som just passerade förbi. Han blev mycket upprörd, lovande mig att jag innan kvällen skulle vara avmönstrad. "Helt naturligt får jag ta' konsekvenserna av denna drullighet, om inte kapten kan och vill förlåta", svarade jag.

Han verkställde aldrig sitt hot, tvärtom blev han mycket vänligt stämd mot mig. Vi återkommo senare till Göteborg, där båten lades upp och hela besättningen med undantag av mig avmönstrades. Jag fick kvarstanna som vaktman ombord, och stolt över detta förtroende, gjorde jag mitt allra bästa. Tjänstgöringen var lång men maklig, och någon nöd gick det inte på mig. Men i min oroliga själ infann sig ganska snart den vanliga längtan, detta stillaliggande tyckte jag var tröstlöst.

Rapporterna från havet voro många och minst sagt dystra. Ingen dag gick utan att något neutralt fartyg sprängdes i luften. Jag, som mellan mars och juli varit i Göteborg eller seglat på kusten, hade dagligen tillfälle att följa de "välpepprade" tidningsartiklarna om olyckor. Huru sjöfarten på England och Frankrike stoppades vid det oinskränkta ubåtskrigets början, har jag redan försökt beskriva ombord i s/s Union. Två och en halv månader därefter låg sjöfarten praktiskt taget nere, och tyskarna fingo icke tillfälle att skjuta utan varning. I mitten av april 1917 började sjöfarten återigen komma igång.

Den tid som följde blev, anser jag, den svåraste svenskt sjöfolk någonsin upplevat. Minor, torpeder och kanonsalvor voro återkommande förbannelser nära nog varje dag. Många svenska fartyg och laster kapades och infördes till England, många gånger långt utanför spärren.

När sjöfarten åter satt i gång, kommo olyckorna ännu tätare än tidigare. Som första "olycksfartyg" vid denna tidpunkt "åkte" ångaren Atlanta genom beskjutning av en tysk ubåt, varvid hela besättningen med ett undantag när "försvann". Två seglare, Cordelia och Valkyrian, gingo samma väg, dess bättre dock utan förlust av människoliv. Valkyrians besättning hade emellertid otur, ty ångaren, som bärgade dem, råkade strax efter en torped, varvid en man av besättningen omkom. Kort därefter gick den gamla och välkända göteborgsångaren Harold sitt öde till mötes. Den sänktes medelst kanoneld under omänskliga och brutala omständigheter, varvid tre av befälet och två av manskapet slutade sina dagar.

Den första maj hade tyska regeringen beviljat fri lejd för ett dussintal svenska ångare i England. Dessa skulle målas på ett särskilt sätt och därefter få passera "spärren". Engelsmännen släppte emellertid icke fartygen på lejddagen. När de ett par veckor senare fingo myndigheternas tillstånd att avgå, hade tyskarnas tillfälliga "vänlighet" förfallit.

I tre av de med lejdmärkena målade ångarna skickades torpeder, varvid 11 kamrater slutade sina strävsamma liv. Dessa ångare, Vesterland, Aspen och Viken, hade tidigare kapats av engelsmännen och införts i spärrzonen, från vilken de aldrig återkommo. Ungefär samtidigt med dessa torperderingar sänkte tyskarnas ubåtar sex svenska lastångare i Östersjön. Besättningarna å dessa varnades dock och fingo gå i livbåtarna, innan sänkningarna verkställdes. I Östersjön fanns nämligen ingen tysk spärrzon, och de sjöfarande behandlades därför på ett mera humant sätt.

På Norra Atlanten "förflyttade" de tyska ubåtarna fyra segelskutor inom loppet av några dagar till de sällare jaktmarkerna. Två av dessa sänktes t.o.m. utanför "spärren", de två andra däremot inom den, dit de förts efter kapning av engelsmännen. Sistnämnda fartyg voro på resa från Sverige till Island.

Vidare torpederades på Nordsjön under sommaren sju svenska ångare, och en sänktes genom beskjutning; samma öde mötte senare även en ångare på Nordatlanten. Fem svenska fiskefartyg skickades ävenledes till botten, då de bedrevo fredligt fiske norr om "spärren", ej långt från norska kusten. Alla dessa fartyg sänktes av tyska ubåtar utan föregående varning.

Som synes "åkte" större delen av de svenska lastfartygen i Nordsjön och inom det av tyskarna spärrade området. I regel var det dock båtar, som seglade på England och Frankrike. Jag resonerade därför som så: Kan jag få en båt, som går längre och utanför den farliga zonen, så tager jag den chansen. Tillfället kom; i mitten av juli halades långsidan oss en båt från Stockholm. Båtens namn var Jarl. Av besättningen tog jag reda på att den skulle lasta på Spanien, men på resan dit skulle den gå utanför den farliga krigszonen eller med andra ord norr och senare väster om England. Vad som gladde mig mest var, när jag även hörde, att en ny lättmatros skulle påmönstras under dagens lopp.

Jag övertalade mig själv, att resa med s/s Jarl icke direkt var farligt, eftersom vi skulle gå utanför "spärren" och dessutom mellan tvenne HELNEUTRALA länder. Jag sökte och fick jobbet.

s/s Jarl av Stockholm – kapas och torpederas

Redan samma dag var jag i arbetstagen på denna 2.500 tons båt med rengöring av lastrummen efter en smutsig och nyligen utlossad kollast. När det blev "kvällen" denna dag, liknade jag mera en neger än en vit. Vi sjöfolk har det icke alltid så lätt. Några dagar förflöto, och därefter förhalade vi från Kustens bojar upp till Masthuggskajen för att intaga vår last till Spanien. Min ekonomiska ställning var för tillfället god, och jag firade därför min 18-åriga födelsedag på ett förut beskrivet sätt. Jag skrev till min mor några dagar före avgång och omtalade den förestående resan, noga poängterande huru vi skulle gå utanför "spärren" samt att det i övrigt var en ovanligt trevlig resa och att inga riskmoment funnos i något avseende.

Vi företogo också särskilda och storslagna åtgärder för att förebygga "misstag" av främmande makters krigsfartyg. Utom att Jarl skulle gå utanför spärrzonen målades på utsidorna de svenska färgerna, och samma färger skulle målas på luckpresseningarna, det sista gjordes ifall någon nyfiken flygare skulle sikta oss. Dessutom skulle svenska flaggan akter blåsa både natt och dag. Alla dessa vackra svenska färger invaggade oss barnsligt nog i en falsk säkerhet.

Äntligen vore vi färdiglastade och klara för avgång. Den 30 juli kastades förtöjningarna loss, och Jarl avgick från Göteborg. Därefter styrdes först inom svenskt och senare norskt territorialvatten. Vid Kopervik erhöllo vi norsk lots, och med dennes hjälp fortsatte vi resan till Bergen. Här kompletterades proviant- och färskvattensförrådena, ty "vägen" var lång och s/s Jarl ingen snabblöpare. Vidare erhöll kaptenen de sista instruktionerna från rederiet i Stockholm.

Den 3 augusti lättade vi ankar och lämnade Bergen, krigstidens högborg på sjöfartens område. Härifrån kommo och gingo konvojerna från och till England. Tyskarna, som hade väl reda på denna trafik, torpederade ofta fartyg i dessa konvojer. Vi hade redan hunnit en bra bit ut från norska kusten, och Jarl sätter i den välkända, västliga atlantdyningen. Kursen var lagd norr om Färöarna, och även norr om och ett gott stycke från den tyska spärrzonen. Inga ubåtar eller minor syntes till. De förra behövde vi, som nämnts, "antagligen" icke vara rädda för, eftersom vi foro fram i av dessa tillåtet område. Minorna voro icke heller ofta sedda föremål i dessa nordliga farvatten. Nej, egendomligt nog voro engelsmännen de enda, vi för tillfället hade att frukta. Träffade vi något av deras krigsfartyg, skulle vi undersökas, kanske kapas och införas till engelsk hamn. Engelsmännen hade nämligen tidigare utfärdat en förordning, varigenom den neutrala sjöfarten skulle tvingas att ingå till engelsk hamn för visitation, även om farten gick mellan två neutrala hamnar. Vi, som icke komme att hörsamma denna förordning, eftersom hela havet runt England var avspärrat medelst minor o.d. och risken därför att anlöpa var alltför stor både för last och besättning, skulle med största sannolikhet anses som blockadbrytare. Ty vi ombord i s/s Jarl bröto mot engelska föreskrifter och förordningar, då vi på resa från Sverige till Spanien icke ville riskera våra liv och anlöpa engelsk hamn för undersökning. Kan man vidare tänka sig, att hela fartyget och lasten kunde beslagtagas och prisdömas, endast därför att lasten kunde "misstänkas" vara gods av fientligt ursprung? Dessa skäl voro antagligen ej de rätta för en kapning, utan rätta skälet var säkert, att England behövde oss lika väl som så många andra fartyg, som kunde uppbringas och kapas. Även en styckegodslast av Jarls storlek t.ex. måste vara begärlig och välkommen för ett krigförande land.

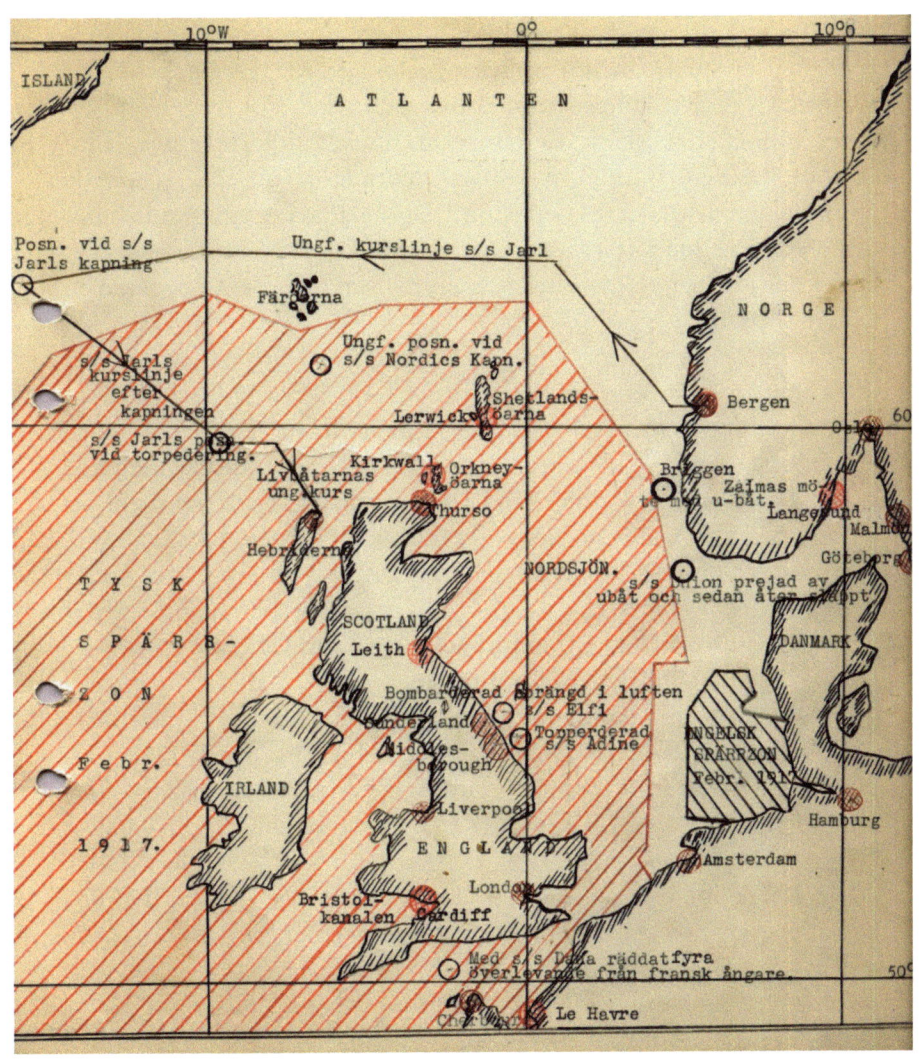

*Carl-Otto Claessons egen karta över kapningar, sänkningar, bombardemang
från luftskepp och riskfylld sjöräddning under Första världskriget.*

Den 6 augusti på förmiddagen hade vi hunnit ett gott stycke ut på
Nordatlanten, och befälet ansågo därför, att risken för kapning var

överstånden. Redan vid middagstiden samma dag upptäcktes emellertid en snabbgående engelsk hjälpkryssare akterut. Efter c:a en timma var den långsides med oss, och med stoppsignal hissad under rånocken verkade den mycket respektingivande gentemot ett litet fredligt hundraprocentigt neutralt fartyg. Vi stoppade ögonblickligen, och efter en stund lågo båda fartygen stilla. Besättningen på hjälpkryssaren, som hette Orcoma, studerade oss och vi dem med nyfikna blickar, som kanske också återspeglade en hel del undran.

En livbåt sattes i sjön från engelsmannen. Två officerare och några matroser kommo ombord till oss, de förra granskade noggrant våra skeppspapper och sågo tänkande ut, de senare voro endast med som skyddsvakter. Efter några tiotal minuter lämnade de oss samtliga och rodde tillbaka till sitt fartyg, antagligen för att konferera med hjälpkryssarens befälhavare. Vi fingo således ej klart besked om, vad "havets herrar" tänkte vidtaga för åtgärder med s/s Jarl. Vi misstänkte, att hjälpkryssaren förfrågade sig per "trådlöst" om vårt öde och naturligtvis även om lasten.

Det blev en ganska lång väntan, men efter ett par timmar sågo vi återigen, att livbåten satte av emot oss. Denna gång medförde båten utom roddare två officerare, sex fullt krigsutrustade marinsoldater och några lådor ammunition. Vi förstodo då, att engelsmännens avsikt gällde kapning och införing till någon engelsk hamn.

Jag hade ju andra krigsåret kapats med s/s Nordic i dessa farvatten och införts till Kirkwall. Då var emellertid risken ej så stor, ingen förbjuden och riskfylld zon fanns att passera. Nu hade vi Aspens, Vikens och många andra fartygs sorgliga öden i färskt minne. Vi förstodo samtliga lägets allvar, och vår befälhavare framförde de kraftigaste protester, dels mot själva kapningen samt dels mot vår tilltänkta resa genom "spärrzonen" utan konvoj. Han framhöll, att fartygets och lastens ägare voro neutrala, att fartyget var destinerat från en neutral hamn till en annan samt att lasten icke utgjorde krigskontraband.

Men som "små och svaga" blevo vi behandlade av alla de stridande makterna. Den gamla satsen, att makt är rätt, gjorde sig allt mer gällande.

Vår befälhavares protester hjälpte emellertid så tillvida, att vi lovades konvoj genom den farligaste delen av "zonen". De båda officerarna togo genast befälet på kommandobryggan, och som hjälpredor och vakt skulle marinsoldaterna tjänstgöra. Som en löpeld från man till man omtalades, att detta prismanskap skulle föra oss rätt genom "spärrzonen" och in till Stornoway på Hebriderna. Med andra ord, vi skulle stäva mot England, och de tyska ubåtarna skulle taga oss för ett från Amerika kommande fartyg. Dessa voro läckerbitar för tyskarna och åkte nedåt lika lätt som en välsmakande efterrätt. Allt, vad vi hade att göra, var dock endast att lyda order.

Det var omkring fem långa månader, sedan jag förra gången passerade gränsen till denna av oss sjöfolk förbannade "spärrzon". Att engelsmännen kapade oss, har jag efter många år förlåtit, men att de sände oss iväg med en svag axelryckning och endast ett halvt löfte om konvoj, det kan jag verkligen aldrig förlåta. Engelsmännen hade väl nu i sina ögon efter kapningen fullgjort sin plikt mot sitt land och sin konung. Fattades bara, att också tyskarna skulle komma och göra sin plikt mot sitt land och sin kejsare. En kall rysning gick genom kroppen vid blotta tanken härpå och på spärrzonen, dit det endast var cirka 70 sjömil kvar. Själva kapningen av Jarl hade ägt rum på Lat. 62.08" N. och Long. 15.40" W. eller med andra ord, c:a 115 sjömil sydost om sydspetsen av Island.

Jarl lämnade med full fart (8 knop) Orcoma. Tvenne armerade trålare skulle möta oss på Lat. 60.00" N. och Long. 10.00" W. samt konvojera Jarl genom resten av spärrzonen. Då vi tisdagen den 7 aug. anlände till den avtalade mötesplatsen, funnos emellertid inga trålare där, varför vi måste fortsatta i spärrområdet utan konvoj. För oss verkade det hela som rent bedrägeri. Förmodligen hade chefen på Orcoma skickat oss in i denna förhatliga zon utan annat sällskap än tyska ubåtar. Eftersom vi ej voro försedda med trådlös telegraf, kunde vi icke uppnå förbindelse med Orcoma och rapportera frånvaron av de utlovade konvojfartygen. Således fortsatte vi utan andra beskyddare än de karbinförsedda marinsoldaterna. Denna dag var emellertid enligt vårt förmenande dyningen allt för hög och girarna något stora för att en torped skulle träffa oss. Visserligen kunde en ubåt i övervattensläge skjuta oss i sank medelst kanon, men den risken togs nog inte gärna. Här fanns det ju också skarpa skott, fast flaggan var neutral. Gamle Jarl hade redan "pustat" sig fram 150 sjömil i den farliga spärrzonen. Båda livbåtarna voro utsvängda och klargjorda för omedelbart bruk. Vi hade även en s.k. gigg, vilken provianterats, och däverterna till den hade svängts ut; surrningarna voro också lossgjorda, så båten stod fullkomligt lös i sina skrån. Vidare hade vi två flottar, en på för- och en på akterdäck. Dessa voro redan förut provianterade och placerade på lämpliga platser. Allt var således klart för ett anfall. Vi hade gjort vad i mänsklig makt kunde göras för att rädda våra kära livhankar vid en fullträff. Vi kände också på oss, att denna snart skulle komma. Livbältena hade vi fått stränga order att sätta på, och dessa fingo icke avtagas förrän vid ankomsten till Stornoway, sades det.

Klockan hade blivit tolv på middagen den 7 augusti. Min "törn" började då att hålla utkik på babords bryggvinge till kl. ett em. Som utkik tjänstgjorde förutom undertecknad en marinsoldat, placerad på styrbords brygg vinge. Dessutom voro på bryggan en engelsk officer, vakthavande styrmannen och rormannen. Just när vår frivakt skulle börja, och avlösningen beräknades komma, ropade vakthavande styrmannen ett kraftigt: "Torped om styrbord!"

Innan någon maskin- eller annan manöver hann vidtagas för att undvika den hastigt framrusande torpeden, träffade den ångaren på akterkant av fyrans lastrum och exploderade med sådan häftighet, att delar av däckslasten slungades högt upp i luften. Vi hade vid styrmannens rop kastat oss platt på däcket för att icke skadas av lossryckta fartygsdelar. Det var förövrigt några spännande ögonblick innan själva explosionen inträffade. Vi trodde, att denna skulle bli rätt under kommandobryggan och icke så långt akter, som fallet blev. Att torpedskottet tog så långt akter, räddade

40

säkerligen många människoliv samt sparade styrbords utsvängda livbåt från förintelse.

Kaptenen, som vid tillfället vistades akterut i salongen tillsammans med andre prisofficeren, rusade upp på däck och gav genast order, att livbåtarna skulle bemannas och sjösättas. Sekunderna voro dyrbara, vi både kände och med fasa sågo, huru fort fartyget sjönk under våra fötter med aktern före. Hela styrbordssidan akterut var bortsprängd, så att t.o.m. de högt upp belägna brädgångsplåtarna stodo vinkelrätt ut från fartygssidan. Jungman Edlund hade vid explosionen skadats i högra knäet och förestånderskan hade erhållit ett slag vid ena ögat samt stukat ena handen. De skadade hjälptes ned i var sin livbåt, och sedan samtliga tagit plats i båtarna, roddes dessa från det sjunkande fartyget, dock icke utan svårigheter.

Jag måste tillägga, att det gick utmärkt vid sjösättningen av livbåtarna. Visserligen erhöllo de flera hårda slag mot fartygssidan, men togo, som väl var, ingen större skada av detta. Sex minuter efter torpederingen sjönk Jarl på lat. 59 45' N och long. 9 28' w. med stäven nära nog lodrätt i luften. Svenska flaggan var det sista, vi sågo av akterskeppet, när den vajande närmade sig vattenytan mer och mer och liksom tröstade oss för alla hänsynslösa oförrätter. Detta var andra gången på två dagar, som vår neutrala vackra svenska flagga icke respekterades av två kämpande stormakter. Vårt hem, vårt skepp med det säkra däcket att trampa på, hade först blivit rövat från oss samt därefter sänkts långt från land, människor och räddning.

Så fort spillrorna drivit från olycksplatsen, roddes båtarna fram för att bärga livsförnödenheterna och vatten i giggen och på flottarna. Giggen och den ena flotten voro icke skadade, den andra flotten hade däremot kantrat. Strax efter proviantbärgningen dök en väldig ubåt upp på endast några hundra meters avstånd och närmade sig livbåtarna med sakta fart, dock utan att meddela sig på minsta sätt. Då besättningen på ubåten sågs klargöra en kanon, hissades en svensk flagga på vardera livbåten. Ubåten beskrev en cirkel omkring oss och ansåg oss antagligen dödsdömda, varför han dök och försvann. Alla i livbåtarna blevo synnerligen glada, när Jarls baneman icke mera syntes till, vi voro nämligen rädda, att han skulle skjuta på oss.

De engelska officerarna och marinsoldaterna gjorde sig vid "smällen" så civila som möjligt. Detta gagnade både oss och dem. Först en lång stund efter det Jarl sjunkit, och vi hunnit lugna oss litet, gjordes den sorgliga upptäckten, att en man vid namn Richards saknades. I livbåtarna vore 18 män och två kvinnor, tillhörande Jarls besättning samt 7 män, tillhörande engelska prismanskapet. Av dessa 27 voro 13 personer placerade i den båten, som stod under kaptenens befäl, i den andra, som stod under 1:ste styrmans befäl, befunno sig således 14 personer. Själv tillhörde jag kaptenens båt. I denna voro bl.a. de bägge engelska officerarna, 1:ste maskinisten samt två kvinnor, tillhörande besättningen i egenskap av kock och steward, placerade.

De skadade förbundos så gott sig göra lät, och från jungmannen, som var mest skadad, hördes inga klagomål. De båda livbåtarna låg nära varandra och höllo ett dystert skeppsråd, varvid det bestämdes, att var man skulle göra sin plikt för att uppnå land snarast möjligt. Samtidigt blevo vi av befälhavaren påminda om resans längd och alla besvärligheter, som eventuellt kunde möta oss på färden i dessa små skal till båtar. Vi hoppades emellertid på en högre makt, som skulle beskydda oss och även göra slut på den otur, vilken började i och med kapningen. Apropå otur, så gynnades vi av god tur i denna. Torpeden rev fartyget i stycken långt borta från maskinrummet och från "bostäder", vi fingo behålla båda livbåtarna praktiskt taget oskadade, och dessa sjösattes snabbt utan minsta mankemang.

Vi började efter denna skeppsrådspaus att sätta segel, och en stund senare lämnade vi den plats, där Jarl fått sin sista ankarplats. Han vilar nu på 1500 meters djup och kan icke mera tjäna till skottavla för stridande stormakter. Tre punkter kunde vi styra på. Den första var Hebriderna eller närmare bestämt Butt of Lewis fyr på den största av dessa öar. Den andra punkten var Färöarna och den tredje Shetlandsöarna eller möjligen Orkneyöarna. Till de båda

42

senaste ögrupperna var det längst. Till Butt. of Lewis fyr och till Färöarna voro distanserna ungefär lika, d.v.s. c:a 135 sjömil eller ungefärliga avståndet mellan Göteborg och Malmö. Butt och Lewis fyr fingo vi emellertid första dagen stryka, eftersom vinden var sydostlig eller med andra ord rätt stick i stäv. Livbåtarna voro fullkomligt odugliga att kryssa med i den höga dyningen; även om vi hjälpte till med rodd, blev resultatet synnerligen dåligt. Om vi skulle försöka nå Färöarna, hade vi visserligen för tillfället god vind, men det bar så att säga från land och mål. Således återstod för oss endast en kurs att hålla, och den var ostlig och bar åt Shetlandsöarna till. När vi intagit den ostliga kursen, drog det lätt i seglen, och detta underlättade rodden betydligt. Med denna kursen hade vi även chansen att få fatt på North Rona, en liten obebodd ö med proviantdepå för skeppsbrutna.

Ungefär halva antalet i båtarna voro gott klädda, de andra däremot dåligt, och särskilt dåligt klädda voro de av maskinpersonalen, som haft vakt vid olyckan. Vi delade emellertid samtliga kläder lika, och det var rörande att se, hur kamratskapen svetsades samman, då vi alla voro i nödläge. En del hade inga skodon, andra hade inga mössor. Sådana tillverkade vi emellertid efter hand av segelduk. Efter dessa små "klädesbekymmer" kom det upp en pinsam fråga, och denna gällde, vilka av oss, som voro mätta och vilka, som voro hungriga. Halva delen och väl det hade ätit före olyckan, resten icke alls. Till de senare hörde jag. Kaptenen bestämde kort och gott att varken mätta eller hungriga skulle få någon mat förrän påföljande dag kl. 12.

Från starten gjorde vi allt för båtarnas framfart. Vår båt ledde, och den andra höll sig i vårt kölvatten. Den första natten blev det först stilt, därefter tjocka och slutligen slagregn. Utom dessa motigheter, inställde sig rädslan för döden, eller med andra ord, för ett misslyckande i dessa små och allt annat än "oceangående" båtar. Vi hade även förlorat våra ägodelar, och detta höjde icke stämningen, alldenstund ersättningen endast var 200 kronor per man av manskaps grad. Många tankar virvlade således i våra hjärnor, när vi oroliga slungades omkring i hög dyning. För min egen del förlorade jag utom alla kläder även ett kärt minne, nämligen den nämnda "silverrovan". Hade jag ändå satt den på pantbanken den där gången! Då hade jag kunnat lösa ut den. Nu var den för alltid "nedlåst".

När det blev morgon andra dagen, voro vi alla trötta och genomvåta. På ett undantag när voro vi icke försedda med regnkläder. Undantaget utgjordes av 1:e maskinisten, som var den lycklige ägaren till en regnkappa. Den fick användas av fyra på en gång. Detta tillgick på så sätt, att de satte huvuden mot varandra, varvid kappan fick tjänstgöra som tak. Visserligen höll man sig på detta sätt endast skapligt torr på en redan genomvåt överkropp, men kappan välsignades i alla fall.

Timme efter timme gick. Snart voro 24 till ända, och första middag skulle inmundigas. Kaptenen var matmor hos oss och delade ut ett kex och litet vatten till varje man. Kexen voro så hårda, att man fick slå dem i små stycken, varefter de fingo blötas i munnen en lång stund, innan slutlig nedfärd var möjlig. Det var litet, men smakade så mycket bättre. För min egen del var detta den första "måltid" sedan föregående dags frukost, d.v.s. c:a 28 timmar tidigare. När vi voro färdiga med middagen, satte vi oss åter till årorna, dock utan att vara mätta. Rodden var synnerligen ansträngande, men eftersom det var nära nog stillt, hoppades vi, att den gjorde någon nytta. De båda engelska officerarna och kvinnorna hade placerats akterut i båten, antagligen av skepparen. Kvinnorna voro hurtiga och utstrålade förmodligen något litet värme till sina närmast sittande manliga skeppsbrutna kamrater. Med båtarnas framfart blev det klent; med hjälp av vinden som fortfarande var laber sydostligt, och årorna togos vi emellertid långsamt men säkert åt rätt eller, åtminstone åt nära rätt håll. Vårt styva arbete med rodden gav icke önskvärt resultat.

Under den andra natten var det labra variabla men något friskare vindar med regn- och även lätta hagelskurar. På morgonen den tredje dagen kände jag mig mycket trött och olustig. Rodden, vakandet och spänningen började att taga ut sin rätt. Jag sökte därför i livbåten och fann under "backen" ett litet tomrum, stort nog för min lekamen. Genom en lucka på akterkant lyckades jag krypa in och fick, fast i böjd ställning, plats. I botten av denna kojplats, längst ned, där förstäven övergår till köl, fick jag känna några burkar, som vid närmare undersökning befunnos innehålla konserver. Dessa burkar av "läckerheter" hade jag väl kunnat öppna i smyg. Trots att frestelsen var stor, gjorde jag emellertid icke detta, utan hittegodset plockades ut och överlämnades till skepparen, som senare lät fördela detsamma mellan mannar med dåliga tänder. Strax efter jag gått till vila i min gångjärnsaktiga ställning var jag i drömmarnas värld. Då ett par timmar förflutit purrades jag emellertid, ty plats skulle beredas nästa behövande kollega. Något senare kröp även skepparen in i denna lilla "kajuta" och sov sin törn. Jag var efteråt icke så litet stolt över att ha upptäckt denna enda "sovplats" i s/s Jarls styrbordslivbåt.

De engelska officerarna voro dåliga roddare, de fingo blåsor i händerna samt klagade ofta och mycket. Skillnaden var antagligen stor mellan "jobbet" som officer i engelska flottan och roddare i en slingrande livbåt. De två officerarna voro emellertid trevliga, hyggliga och säkert även mycket duktiga män, utom i båtrodd. Marinsoldaterna voro däremot enastående roddare, särskilt en irländare, som kallades "Paddy". Utom denna stora fördel hade han ett enastående gott humör och dessutom en liten sjösäck full med tobak. Den senare hade lyckligtvis redan placerats i livbåten före olyckan, och "Paddy" gratulerades till denna enastående omtänksamhet. Av vår egen besättning var det för övrigt många, som saknade de allra första grunderna i konsten att under slingring föra en åra.

På tredje dagens eftermiddag började vi åter tala om de fruktade u-båtarna och om huru dessa skulle ha skjutit på folk i livbåtar. Vi voro alltså fortfarande nervösa. När vi därför något senare upptäckte olja på vattenytan, misstänkte vi genast ubåtar, och denna misstanke bidrog icke till att lugna våra uppjagade sinnen. Vid tillfället ifråga var det emellertid något disigt, men för att ytterligare minska risken att bli sedda, riggade vi ned segel och master samt upphörde med rodden. Enligt order gömde vi oss vidare i botten av båtarna, d.v.s. i den mån detta lät sig göras. Fram emot kvällen, när ingenting överraskande inträffat, satte vi emellertid åter segel. Båtarnas sammanhållning" var synnerligen god. Den tredje natten sprang vinden äntligen över på nordväst, och vi kunde då hålla kurs rätt på Butt of Lewis. Under natten till nästa middag hade vi gjort en mycket god distans. Efter middagen började det dock åter bli dåligt med vinden och med sikten. Vinden avstodo vi dock gärna till förmån för dålig sikt. Uppskrämda, som vi voro, överdrevo vi säkerligen risken för beskjutning. Men vi föredrogo, att stanna en eller ett par dagar till i båtarna mer än vi önskade, det skulle klarna. Den friska vinden med ty åtföljande "överspolning" under natten hade gjort oss genomvåta av saltvatten, och kläderna började därför att kännas obehagligare än tidigare.

Frampå kvällen började vi åter få känning av lätta varierande vindar, och dessa höllo i sig till söndagen den 12 augusti vid middagstiden. Då fingo vi höra en mistlur efter fem dagars och fem nätters rodd och segling i skiftande väder för varierande vindar. Befälet konstaterade med mycket stor belåtenhet, att det var mistluren på Butt of Lewis, fyren som vi styrt på. Vi, icke befäl, konstaterade genast, att det fanns "knallar" och vatten i överflöd, varför vi i glädjen över att höra livstecken från människor hängav oss helt åt knallarna. Hade turen varit mindre god, fanns det knallar och vatten för ytterligare c:a 10 dagar under förutsättning, att ransoneringen varit den samma. Mistluren hördes allt tydligare, vi ändrade kursen tillfälligt något ostligare men styrde senare åter sydligare för att komma in mellan Hebriderna och Skottland. Navigeringen under denna färd med dessa båtar och under sådana förhållanden, kan man kalla en fullträff, även om man frånräknar en god portion tur.

Huru lyckliga hade vi icke anledning att vara, vi som skonats från verkliga stormar och även från obehaget att se våra små båtar sönderslagna mot dessa höga och ogästvänliga skotska klippor, och sist men inte minst för att vi besparades nöjet av flera ubåtsmöten!

Efter vi hade passerat ljudet av Butt of Lewis mistlur, började äntligen den envisa dyningen att lägga sig. Även tjockan lättade något. På nära håll siktade vi då ett engelskt bevakningsfartyg vid namn Orgama. Vi seglade upp långsides. Alla blevo vi hjärtligt välkomnade, och den skadade jungmannen fick ett "första förband". Vi berättade om allt, och chefen bjöd på the med skorpor. Han ansåg nämligen icke lagad mat vara nyttig just då. Något senare fingo vi gå till vila och sova på ett däckat fartyg och i en riktig koj. Här slutade alltså min, får jag hoppas, längsta sjötur i öppen båt och på öppet hav. Anmärkas bör, att av alla under det stora kriget sänkta svenska fartyg, var ingen av dessas besättningar tillnärmelsevis så lång tid i livbåtarna.

Orgama ångade med livbåtarna på släp och besättningarna lugnt sovande mot Pentlandsundet. I omedelbar närhet av detsamma avlämnades vi i Thurso Bay, som ligger på skotska sidan, och blevo senare inkvarterade i en by med samma namn. Här i denna lilla trevliga utpost mot norr kunde vi känna oss trygga för torpeder, minor och luftanfall. Vår skadade skeppskamrat lades på sjukhus. Han blev senare hemskickad, men blev aldrig fullt återställd från sina skador.

När vi väl fått "riggat" upp oss, företogo vi utflykter i de höga bergen omkring staden och kikade på havet, som varit nära att behålla oss för alltid. Inkvarteringstanterna och för övrigt alla människor här voro synnerligen snälla mot oss. Vi voro nästan hjältar i deras ögon, och vi vunno allas hjärtan.

Men vistelsen här blev tyvärr inte lång. Vi fingo snart order att avresa till Glasgow för hemtransport. Med tåg lämnade vi vårt lilla idylliska samhälle, och några timmar efteråt anlände vi till Glasgow. Väl ankomna dit anvisades vi ett dåligt ställe att bo. Från första stunden vantrivdes vi och började att klaga. Inom väggarna på huset, som var stort och verkade kasern, bodde vi tillsammans med människor av alla kulörer. Samtliga voro sjöfolk och i regel krigsförlista. Skandinaver voro vi rätt många, och detta förgyllde upp tillvaron en liten aning. Vi spelade kort tillsammans och roade oss på bästa sätt. Kaptenen var emellertid icke längre den gode husfadern, som sjölagen föreskriver och så vackert talar om. Honom och det övriga befälet sågo vi aldrig till. De bodde på ett av stadens flottare hotell och hade nog vid detta laget glömt våra gemensamma och farliga äventyr. Veckor gingo, och detta dagdrivarliv var rent ut sagt hopplöst. Någon lägenhet till Sverige yppade sig icke. Ubåtskriget rubbade nämligen passageraretrafiken i hög grad, och jag tror icke, det var en enda svensk passagerareångare i trafik vid denna tidpunkt. Svenska lastbåtar voro för oss enkla sjömän det enda hoppet att komma hem med. Då dessa som regel endast kunde taga några få passagerare, inser man lätt svårigheten att hemtransportera krigsförlist svenskt folk. Norska ångare ville icke befatta sig med svenska sjömän, ty de hade mer än nog med egna.

När vi märkte, att det drog ut på tiden med vår hemtransport, uppsökte jag tillsammans med några grabbar kaptenen för att i milda ordalag framföra både klagomål och önskemål beträffande våra inkvarteringsförhållanden. Vi träffade också mycket riktigt skepparen på hans hotell, men detta var tyvärr ej i "rätta ögonblicket". Han mottog oss onådigt och framhöll t.o.m. ganska barskt, att de engelska myndigheterna anvisat detta kasernliknande boställe. Vidare fann han ingen direkt anledning till klagomål. Han ville f.ö. tillägga, framhöll han i samma ton, att någon nöjesresa i vanlig mening voro vi icke stadda på. Dessa hans ord voro för oss synnerligen lättbegripliga efter de strapatser, vi genomlevat. Det hela verkade icke nöjesresa utan snarare resa utan nöjen. Resultatet av besöket hos skepparen blev nedslående. Han begrep oss icke och ville heller icke begripa oss.

Dagen efter denna händelse och efter att ha varit i Glasgow c:a tre veckor, inställde vi oss åter hos "gubben". Denna gången anhöllo vi om vårt tillgodohavande, och detta intresserade honom mera än klagomål och önskemål. Skepparen drog en lättnadens suck, när han skulle bli av med oss. Vår avmönstring reducerade nämligen hans arbetsbörda. Att ha bekymmer och utlägg för några man mindre uppskattades samt godkändes fullständigt utan minsta invändning eller anmärkning från hans sida. Engelsmännen, som i all tysthet voro glada över att vi neutrala sjömän seglade för dem och på detta sätt gjorde landet tjänster, gav oss ögonblickligen avmönstringstillstånd. Att vi seglande neutrala sjömän gjorde öriket betydlig nytta under kriget är säkert

Sjöfolk glömma lätt alla besvärligheter, och så var fallet även med oss. Vi hade redan nu efter c:a en månad börjat bagatellisera våra äventyr i högsta grad, även om vi inte glömt dem. Samtidigt som vi förhärligade livet på havet, ansågo vi det vara barnsligt och inga bevis på karlatag att vara rädd. På havet skulle vi åter, ett nytt jobb måste anskaffas, eftersom vi avsagt oss rätten till fri hemresa i och med avmönstringen. Att erhålla anställning på sjön under kriget mötte inga svårigheter. Redan avmönstringsdagen ombordmönstrade tre av den förolyckade Jarls besättning på ångaren Dana av Haugesund. Samma dag på kvällen voro vi på resande fot till Leith, där fartyget för tillfället var liggande.

Ödet har många konstiga nycker och spelar en spännande roll bland pojkar i vår dåvarande ålder. Detta lättförklarligt, eftersom vi handla först och tänka långt senare. Jag måste öppet och ärligt erkänna, att den dagen vi lämnade Jarls skeppare och Glasgow ångrades mycket och ganska ofta. Hade vi i Glasgow väntat och lugnat oss, skulle säkerligen tillfället ha kommit, då även vi hade blivit skickade hem på ett eller annat sätt. Enbart en resa över Nordsjön till Sverige var visserligen livsfarlig, men den hade den stora och mycket glädjande fördelen att vara övergående. Nu däremot slungade vi oss av egen fri vilja åter ut i långvariga krigsfarliga äventyr.

Väl framkomna till Leith mottogos vi av en befälsperson från Dana. Denne körde oss först till passkontrollen och därefter ombord. I mitt nya fartyg slog jag mig suckande och tänkande ned på en bänk i skansen. Nu befann jag mig alltså åter på ostkusten av England, denna riskfyllda kust, som jag med s/s Union och med största glädje lyckats komma bort ifrån sex månader tidigare. Genom en kraftig knuff i ryggen vaknade jag upp från mina tillfälliga funderingar. Det var en av mina vänner, som purrade mig på detta sätt. Han var ond på polisen i passkontrollen. De hade varit närgångna mot honom. Han bar namnet Wilhelm, och det kunde ju misstänkas, att han var släkt med tyske kejsaren......

s/s Dana av Haugesund – vi bli sjöräddare

Redan från starten kände vi oss hemma i vår nya båt. Detta måste ha berott på skepparens och det övriga befälets sympatiska uppträdande, ty ångaren och dess inredning voro fullständigt omoderna. Dana, som lastade c:a 1200 ton, hade större delen av sitt långa liv seglat med sill från Island. Kaptenen, vars namn var Aasbö, talade ett tungomål, som skvallrade om bergenska eller något liknande. Han verkade mycket snäll. Om han hörde någon svära t.ex., ogillade han detta i allra högsta grad. Kaptenen var även en stor optimist, ty med undantag för minor garanterade han oss vår säkerhet på havet. Senare tröstade han oss många gånger och påpekade, att tyskarna icke ville "spänna" ett skott på gamla Dana och då ännu mindre någon torped. Han fick också i förbifarten sagt rätt i detta påstående, ty Dana gick hela kriget, och först långt efter detsamma fick hon "dödsstöten" hos en skrothandlare i Stavanger.

Vi lämnade snart nog Leith och hoppade därefter fram och åter mellan England och Frankrike. I England gingo vi mestadels på Bristolkanalens hamnar, och i Frankrike voro Rouen, LeHavre, Honfleur, Cherbourg och St. Malo platser, som vi ofta besökte. Rouen tyckte vi mest om av de franska hamnarna. Orsaken var i första hand den långa Seinefloden, vilken gav oss ett absolut effektivt skydd mot de tyska ubåtarna. På resa upp och ned i floden kände vi oss alltid trygga, vi sovo gott och vilade ut. I regel voro resorna på Engelska kanalen sömnlösa, det var ubåtsskräcken, som lade hinder i vägen för sömnen. Efter att ha passerat LeHavre kändes det därför alltid skönt på uppresorna, och naturligtvis var det omvänt å nedväg.

Apropå Rouen måste jag berätta ett listigt överfall. En söt och synnerligen älskvärd flicka, som serverade på en bar, lät på beställning blanda en drink till mig. Av den erhållna drinken, som smakade gott, började baren efter en stund få karusellens roterande rörelse, och jag måste för att icke ramla av stolen ledas bort av flickan. Drinken var tydligen mycket kraftig och av den rätta sorten för flickans avsikt. Mig passade den däremot icke alls, efter som jag totalt tappade minnet. För mig var natten obehagligt lugn, och fram, på söndagsförmiddagen vaknade jag ombord i min koj, illamående och med ett huvud ömtåligt som den tunnaste glaskula. Tio engelska pund hade jag haft på mig vid "olyckstillfället", och dessa voro utplacerade i alla mina fickor. Detta var en försiktighetsåtgärd mot eventuella ficktjuvar. Trots detta återfann jag icke ett öre av de 180 kronorna. Men jag har med en erfarenhet rikare alltid flickan i tacksamt minne för den vänliga och omtänksamma "hemtransporten". Dock tyckte jag, att priset på den var i överkant, och någon pundsnote kunde och borde ha kvarlämnats.

Detta var andra gången "flicktjuvar" stulo pengar från mig. Första gången var i Köpenhamn, men då gällde det endast 25 kronor. Nåja, jag blev av med pengarna och fick ett stort och ömtåligt huvud, vilket ju var en övergående sak. Men att jag skulle bliva besviken på dessa de mest bedårande flickögon var värre och manade till större försiktighet nästa gång.

I en del franska hamnar lossades fartyget av tyska krigsfångar; Dessa fingo vi ej ha något gemensamt med. Men de vore ju likaväl som vi människor, och deras vaktare sågo ofta genom fingrarna, när vi gåvo dem både kraftiga smörgåsar och riktig men hos oss överbliven mat. Allt fick fartyget släppa till, och detta var strängt taget inte rätt. Vi matade krigsfångarna genom att skära remmar av andras läder. Dessa tyska krigsfångar voro lika glada för mat, som deras landsmän i ubåtarna voro för allt på havet flytande.

Varför gåvo vi då dessa fångar mat, då vi fruktade och hatade de tyska ubåtarna? Kunde vi icke helt enkelt ha visat dessa fångar vårt största förakt och låtit dem veta vad vi trodde och tänkte om det omänskliga ubåtskriget? Nej, dessa knektfångar hade intet eller föga gemensamt med sina bröders ubåtskrig. Många av dem hade icke före fångenskapen sett en vanlig båt, långt mindre en ubåt. Att hämnas på oskyldiga personer låg icke för oss. Vi ansågo det felaktigt och fortsatte därför vårt "matvälgörenhetsarbete". Fångarna, som säkerligen fingo mat nog i Frankrike, uppskattade antagligen mest vår vänlighet därför, att det för dem blev litet omväxling i dieten. Jag beklagar dem alla, från vilket land de vara må samt hoppas att aldrig mera återse sådana i stuveriarbetarnas hederliga yrke.

I staden Honfleur, där vi ibland hamnade med vårt fartyg, beslöto en kollega och jag att skaffa något drickbart på närmaste bar. Det var under vår middagsrast och mycket lämpligt med en liten "värmare". Väl komna över landgången satte vi kurs på ett iögonfallande lämpligt ställe. Vi hunno emellertid aldrig fram. Vi upptäckte nämligen en massa människor på stora torget. Vi bestämde, att en kursändring skulle äga rum och gick till platsen. Antagligen voro de församlade belgiska flyktingar, som överskridit franska gränsen vid tyskarnas framryckning. Nu skulle de troligtvis undersökas av myndigheterna och förklaras äkta eller falska belgare.

Massan och militära myndigheter intresserade oss icke ett skvatt, men för en liten flickunge i flyktingarnas led klappade snart våra hjärtan. Med flickan, som var mycket söt, beslöto vi få förbindelse. Detta lyckades, och snart kunde vi förstå varandra med hjälp av fingrarna och på ett slags sjömansspråk. Enligt anslag och vakternas påpekande var det strängt förbjudet att tala med dessa flyktingar, men detta togo vi icke på allvar utan fortsatte att skoja med tösen.

Efter några få men lyckliga minuters samprat med vår nya bekantskap haffades vi i kragarna av några soldater och fördes bort. Vi bedyrade för dessa vår barnsliga oskuld och vårt oförstånd, men voro och förblevo fast och skulle sona vårt brott. Soldaterna, som hade påskruvade bajonetter, skakade bara på huvudena, då vi tilltalade dem samt kacklade högt och omväxlande endast om "kallabussen". Vi försökte med en handtryckning av 50 francs vardera, men ännu mera oförstådda blevo vi och ännu mera kacklades det om kallabussen. Efter en mindre angenäm promenad anlände vi till stället ifråga samt burades in i var sin cell. Naturligtvis blevo vi som alla andra fångar kroppsvisiterade och samtliga mordvapen fråntogos oss, i detta fallet var sin kniv och var sin livrem. Mitt rum bestod av fyra stenväggar samt golv och tak av samma material. Möbleringen bestod av en väggfast och något lutande bänk att sova på samt en flyttbar pyts för annat ändamål. Ödet hade fört oss till denna bombsäkra källarvåning, där inga farliga torpeder kunde nå, där inga minor kunde explodera, och dit icke en enda liten solstråle kunde framtränga. Här tyckte man, att sömnen skulle bli betydligt bättre än på Engelska kanalens osäkra vatten, men nej och åter nej.

Eftermiddagen och natten gingo mycket långsamt och utan att ögonen ville sluta sig. För min egen del väntade jag bara på att få mitt straff och lida vad förseelsen enligt de franska krigslagarna skulle dömas till. Kaptenen, som dagen efter blivit varskodd om vårt anhållande, skickade en representant och tolk till rätten. Då vi efter några minuters förhör fingo vår dom, utgjordes denna av fem francs böter. Denna låga bötessumma hedrade Frankrike, landet, som aldrig försökte slå mynt av oss neutrala sjömän. Med oss, som arbetade i landets intresse, hade de överseende.

Någon tid senare voro vi hela besättningen fast för "bondpermission", dels i St. Malo och dels i Lorient. Dessa båda förseelserna straffades icke ens med böter utan bara med "sällskap ombord". Med bondpermission menar jag, att vi icke gingo ombord på kvällen i rätt tid, utan stannade iland längre tid än polisens tillstånd medgav.

På tal om Lorient voro vi på resa dit en gång från Cherbourg. Vi voro två handelsfartyg i konvojen och eskorterades av en fransk jagare. Den andra ångaren, en spanjor, gick först och vi styrde efter den. På utsidan av oss, i detta fallet styrbordssidan, hade vi vår franske jagarevän och beskyddare.

Dagsljuset försvann snart, och mörkret föll hastigt på! Vi styrde efter spanjorens akterlanterna, det enda ljuset han fick föra enligt konvojförordningen. Vid tvåtiden på natten hördes en dov smäll. Denna trodde vi kom från våra länsportar i förliga brunnen, vilka slogo av sjön. Den spanska ångaren övertygade oss emellertid genom kraftiga nödsignaler, att han råkat illa ut och behövde omedelbar hjälp. Hela vår besättning purrades ut, och livbåtarna bemannades. Vi kunde ju gå samma väg som spanjoren och måste vara klara.

Kapten styrde upp till de nödställda. När vi stoppat på platsen för olyckan, voro livbåtarna redan sjösatta och den "harpunerade" ångaren försvunnen. Starka karbidljus, som antändes då fartyget sjönk, upplyste olycksplatsen. Vi sågo båda livbåtarna och konstaterade, att den ena hade kantrat. Dennas besättning hängde på kölen av den välta båten. Jagaren, som redan var i full gång med räddningsarbetet, gav oss order att styra mot land, innan en ny torped avsändes, och då riktades mot oss.

På jagarechefens order och sedan denne försäkrat rädda alla spanjorerna, styrde vi rakt mot land. När vi kommit så nära land, som fartygets säkerhet medgav, lades det bi med stäven utåt. Vi skulle här invänta vår beskyddare, innan resan fortsattes söderöver. Timme efter timme väntade vi. Vi började i dagningen bliva oroliga och trodde, att även fransmannens sista resa var gjord.

När det blivit full dager, och inget fartyg syntes, lades därför Dana på kurs, och resan fortsattes utan konvoj. Vid middagstiden uppenbarade sig emellertid åter jagaren. Den hade varit inne i Brest och avlämnat den räddade spanska besättningen. Före sin avgång till Brest hade jagaren sökt men icke funnit oss, varför de trott, att vi på egen hand gått in till denna hamn. Men när vi saknades där, kilade den åter ut, sökte och fann oss i högönsklig välmåga. Därefter fortsatte konvojering till bestämmelseorten, där resan slutade lyckligt.

Vår skeppare älskade icke konvojer. Han föredrog helst att fara fram på egen hand. Många gånger gingo vi över den spärrade Engelska kanalen utan konvoj. Detta retade oss icke längre, eftersom vår skeppare och icke främmande kanoner utpekade kursen. Jag syftar på Jarls kapning och därefter tvånget att inlöpa i det av tyskarna spärrade området. Dana hade vi däremot av egen fri vilja lovat följa runt de spärrade engelska och fransk kusterna.

Vår båtsman avmönstrade och lämnade fartyget. Jag blev erbjuden och accepterade denna plats. Båtsmannen hade hytt midskepps och intog sina måltider i befälsmässen, han titulerades andre styrman, som seden oftast är på dess små lastbåtar. Enbart nöjet att bo midskepps och äta i mässen var en sensation för ett "skansens barn".

På resorna lärde skepparen och styrmannen mig de allra första grunderna i navigation, framför allt konsten att bestämma avstånd till land. Vidare fick jag förmaning att icke komma för nära land, ty då kunde vi "ränna" på detta. Men icke heller för långt fingo vi komma, ty då kunde vi bliva nedskjutna eller torpederade. Skepparen hade naturligtvis alltid ett vaksamt öga, när vakten överlämnades till en icke kompetent person. Ett par resor gingo vi mellan England och Frankrike utan styrman, eftersom sådan icke kunde anskaffas, och fartyget måste gå. Vi voro nämligen tidsbefraktade av engelska regeringen genom en stor mäklarfirma i London. Numera skulle ett fartyg icke få gå utan behörigt befäl ombord, men under kriget gick allt, och över befälsförordningen drogs ett tjockt streck.

Vår avmönstrade båtsman, som jag efterträdde, fick anställning på en ångare, som endast hann ut på Irländska sjön, där den kolliderade med en torped och sjönk. Explosionen kostade vår f.d. arbetskamrat livet. Dennes fader seglade som befäl i en annan norsk ångare på samma trade som vi och brukade hälsa på sonen under hans anställningstid på Dana. Dagen efter vi fått underrättelse om båtsmannens slutliga öde, kom hans fader åter och sökte honom. Stackars man, han hade icke ens reda på att sonen lämnat Dana, långt mindre hans olyckliga öde.

Man hajade till ett litet tag, när man på detta sätt hörde kamrater och bekanta försvinna, men började å andra sidan anse, det hela ganska naturligt och vardagsaktigt. Efter varje ny fartygssänkning förbannade vi visserligen kriget, de sjömansätande ubåtarna samt de icke mindre farliga minorna. Ofta försvunno kända och ännu oftare för oss okända fartyg, ytterligare några eder fälldes, en axelryckning och en förmodan, att turen nästa gång. kanske var vår. Vi sjöfolk började, trots vår riskfulla ställning på havet, vänja oss vid krigets fasor.

Många sjömän fingo en död som vida överskred skyttegravarnas och gaskrigets dödsoffer. Jag syftar på alla dessa, som drevo omkring i livbåtar och på flottar, tills det grymmaste slut kom, det slut, som blev hungerdöden, och som i regel föregicks av vansinne. Vi under kriget seglande sjömän ledo alla, fast mer eller mindre förstås. Många och kanske de allra flesta kommo undan med den nervösa känslan för eventuella "luftfärder".

Hemma i Sverige lästes antagligen endast tidningsrubrikerna till dessa svårartade krigsolyckor på land och vatten. Det var för mycket och allt för vanligt för att ens åstadkomma sensation. Att en svensk ångare t.ex. torpederades eller minsprängdes spelade för den stora allmänheten mindre roll än ett förlorat brödkort.

Större delen av Sveriges folk har aldrig och kommer aldrig att förstå oss sjöfarande. Vi fördömas ofta av människor som ej ha den ringaste aning om vårt hårda liv på havet. En sjöman som i hamn någon gång i månaden får ett glas för mycket, är strax typen för oss alla. Han synas noggrant i sömmarna och behandlas hårdare än en s.k. "landkrabba". Denne, som varje kväll kan lämna krogen i mer eller mindre berusat tillstånd, fäster ingen sig vid, hans hjärna måste kanske spritpåfyllas om morgonen, innan "tändning" kan ske, men fortfarande är han avgjort bättre. Många av dessa människor skulle skickas ut på hamnar eller rättare i städer, vilka svenska sjömän dagligen gästa, där frestelserna finnas i varje gathörn, där kvinnorna dansa och vinet flödar. I ett sådant fall garanterar jag 99 procents totalförlisning även bland dem, som döma oss hårdast. Vi sjöfolk äro icke sämre än andra människor, men vi arbeta under sämre förhållanden. Vi kunna icke, när lördagen kommer, resa till landet eller skärgården för bad och vila. Vår lördag och vår söndag på havet är i det närmaste lik alla andra dagar, vi kanske få en storm på nacken, vi kanske få ett livsfarligt jobb att klara, när brodern iland drar sig i sängen eller solar sig på de av havet renspolade klipporna. Brodern iland kan t.ex. icke gå på bio för det regnar och blåser, han kan tappa hatten eller riskera pressen i sina byxor, han behöver heller icke gå, då han kan ha roligt hemma tillsammans med olika vänner. Saken blir helt annorlunda på havet, när regnet och stormen komma. Då måste vi ut, vi måste passa oss, det blir dålig sikt, en kollision kan inträffa, Vi kunna komma för nära land, vi måste loda, vi måste ha ögon och öron på spänn, allt eftersom havet växer, och siktbarheten reduceras.

Nu skall jag relatera, vad som hände en fransk ångare i Engelska kanalen vid en sydvästlig storm, där vi spelade rollen som livräddare. S/s Dana var på resa utan konvoj från Cherbourg till någon hamn i Bristolkanalen. Frisk sydvästlig vind med grov sjö var rådande vid vår avgång från Cherbourg.

Det dröjde icke heller länge efter vår avgång, förrän gamla Dana bollades mellan vågorna i den upprörda Engelska kanalen.

Vi hade som vanligt extra utkik efter minor och ubåtar. För de senare var det visserligen dåligt "harpuneringsväder", men man kunde aldrig känna sig riktigt säker. När vi lyckligt rullat över kanalens halva bredd, blevo vi emellertid förvånade. En stor isbox siktades nämligen på nära håll. Hade trots allt en ubåt varit framme, eller kanske det var en mina, som åstadkommit en fartygskatastrof? Isboxen, som vi passerade, flöt mycket lätt på vattnet och skvallrade tydligt om kort vistelse där. Skepparen, som tog först till orda om den mystiska isboxen, ansåg, att den spolats överbord från något icke förlist fartyg. Han verkade dock en aning orolig, och blicken talade om andra åsikter. Hade en sjökrigsolycka ägt rum, skulle väl någon livbåt eller flotte vara i vår omedelbara närhet. Skepparen ställde sig mycket tyst på styrbords bryggvinge, tydligen filosoferande över boxen, vi passerat.

När ytterligare en liten stund gått, upptäckte jag och inrapporterade till kaptenen "en levande man två streck om styrbord". Att mannen, jag sett var levande, bevisade han genom vinkningar med händerna. Skepparen svarade: "Du har ofta trott Dig se minor och ubåtar, men nu, när Du börjar se levande gubbar, då måste det fattas Dig någonting. Mitt i Engelska kanalen vid denna årstid driva inga levande omkring".

Kaptenen riktade dock sin kikare åt det utpekade hållet, och strax efter var han överbevisad. En levande man flöt utan tvivel omkring i det kalla vattnet. Han var säkerligen vid gott mod, då han såg Dana och därmed hoppet till räddning. Vi saktade ned farten och sågo efter hand allt tydligare, hur mannen räckte upp händerna för att säkert bliva uppmärksammad.

I lovart och ganska nära den nödställde backade vi upp fartyget och gjorde oss klara att försöka rädda densamme. Alla frivaktare voro snart på däck, vi sovo "lur" den tiden på sjön, med kläderna på och livvästarna fastknopade runt om oss. Ordstävet "varen redo" tillämpades på sjön under kriget mera än under vanliga stormfyllda men fredliga dagar. Fartyget, som nu icke längre gjorde någon framfart, lade sig tvärs sjön och slingrade våldsamt, men "läade" dock samtidigt betydligt för mannen i vattnet. När vi kommit nog nära den nödställde, slungades en lina över till honom. Denne, vilken befanns vara en neger och därtill en mycket svart sådan, tog linan och slog runt livet under armarna. Efter att på detta sätt ha erhållit "napp" halade vi in, när Dana efter en kort stund slingrade minsta möjliga. Det lyckades även över förväntan att få mannen upp ur vattnet och nära relingen, men just då vi skulle fatta tag i honom, rullade fartyget till ganska svårt, och den stackars mannen gled ur linan samt försvann i djupet. Några ögonblick senare var han emellertid åter vid ytan, men kom strax efteråt under fartygets låring och fick av denna flera otrevliga slag samt formligen kastades ut och akter över. Vår höga barlastade båt drev mycket fort, och under den korta tidsrymd från vi tappade negern och tills han var utom räckhåll hunno vi icke göra något för hans räddning. Vi kastade emellertid en livboj efter honom, och vår avsikt var, att han skulle flyta i denna, tills räddningsförsöket kunde göras om. Vårt misslyckande berodde till större delen på den nödställde själv, som knopat linan dåligt.

Då vi under negerns bärgningsförsök koncentrerat all vår uppmärksamhet på denne, blevo därför först efter misslyckandet flera nödställda upptäckta. Vid noggrannare undersökning omkring oss befanns, att vi voro inne bland döda, döende och några få även fullt levande människor. Alla synliga utom negern buro livvästar och stodo i dessa nära nog rätt upp i vattnet. Döden hade säkert varit en lättnad för större delen av denna fartygsbesättning, men det måste ha varit en svår sådan, eftersom de antagligen länge sett Dana, och att kursen bar rätt nära dem.

Vår tilltänkta manöver att återvända till negern fick anstå, eftersom vi hade en annan nödställd strax i lä. Denne befanns emellertid vara fullständigt apatisk och tog icke ens efter våra utkastade räddningslinor. Vi insågo, att räddningen måste verkställas på annat sätt. Våra nu gjorda försök passade icke förfrusna, och halvt döende personer. Fyra man och styrmannen erbjödo sig därför att gå i styrbords livbåt och försöka sjösätta den. Med Gud i hågen och högre makters hjälp voro vi några minuter senare klara för det vanskliga företaget. Vi hoppades, att Dana och sjön skulle hålla sig lugna de få men spännande ögonblick själva sjösättningen varade. Det lyckades oss att få båten i vattnet, och glada voro vi, när avståndet mellan oss och fartyget ökades till det lämpliga. Dana skulle nämligen "läa" för livbåten. Att ro åt något bestämt håll var ganska svårt, men vi gjorde vårt bästa för att komma från den ene nödställde till den andre.

De första vi fingo tag i voro sorgligt nog döda, och för dessa kunde vi intet göra. I första hand måste vi försöka rädda de, som voro vid liv, båten var liten och tålde icke mycket belastning i den höga sjön. Vi förstodo till fullo den risk, vi löpte. En enda brottsjö kunde välta båten och dränka oss alla. Men å andra sidan var risken på Dana också stor, den låg stilla utan minsta skydd mot brutala ubåtar. Vi misstänkte nämligen på skarpen, att vårt fartyg när som helst kunde gå den vägen, som ångaren gjort, vars besättning vi försökte att bärga.

Fördelen för oss i livbåten vid ett eventuellt ubåtsanfall var påfallande. Vi voro ju redan borta från Dana och riskerade icke direkt att träffas. Detta tröstade vi oss med, när det började se hopplöst ut både för oss och för dem, vi skulle rädda. Livbåten stod ofta till synes på ända i sjön och tog, rätt som det var, in ganska mycket vatten, dock icke mera än vi höllo den läns.

Efter att ha övertalat och liksom narrat oss själva, att risken var större ombord än i livbåten, fortsatte vi att ro och kämpa oss fram till nästa nödställde. Denne, som var den förste nödställde vid liv vi kommo till, var troligen samme man, som tidigare icke tagit efter våra utkastade linor. Han var illa däran och föreföll mera död än levande. Efter en hel del ansträngningar var han emellertid på det "torra". Vi bäddade in honom i kläder, tagna från oss själva och lade honom på en upphöjning i botten av båten. Mannen kunde icke yttra ett ord, om vem han var, eller vilket fartyg han tillhört, eller varför detsamma gått under.

Synen av den räddade eggade oss att fortsätta vart mödosamma räddningsarbete. Det var dock hemska saker att se, innan nästa två vid liv varande sjömän upptäcktes. Dessa två lågo på magarna över en vrakdel, den ene av dem efter omständigheterna pigg höll en medtagen kamrat under armarna. Båda dessa bärgades upp i livbåten, den medtagne fick dock bäddas ned vid sidan av sin först räddade kamrat.

Av den "pigge", som tillhört kanonservisen på den förolyckade ångaren, fingo vi reda på, att den varit fransk och vidare att ingen ubåt bar skulden till olyckan, utan att en vanlig brottsjö var den brottslige. Strax efter ett brott rullat in över fartyget, hade besättningen sett en lastlucka uppslagen. Intet hann göras, ty ångaren fick slagsida, vattenfylldes och sjönk hastigt. Den "pigge" marinsoldaten hjälpte oss att ro och ösa. Vi skulle om möjligt rädda ännu flera, de bärgades antal ökades och voro nu tillsamman tre. Våra mödor gagnade emellertid inte, vi höllo på hela eftermiddagen, och ingen siktad visade livstecken ifrån sig. Av 27 mans besättning hade vi lyckats rädda endast tre, och av dessa voro två på gränsen att dela sina omkomna kamraters öde.

För oss i båten började nu besvärligheterna på allvar. En sjö fyllde den till hälften med vatten, och vi hunno icke få ut detta, förrän nästa rullade in. Förutom att båten skulle hållas läns och mot sjön, hade vi de medtagna sjömännen att taga hand om. Det hela såg mycket mörkt ut, och styrmannen, som, skulle vara ledare och hålla humöret uppe, fick ett nervöst sammanbrott.

Dana var flera gånger i vår omedelbara närhet, men icke ens i tankarna kunde vi hugga an livbåten och komma ombord. När mörkret började falla på, gav skepparen tecken, att vi simmande skulle försöka uppnå ångaren. Genomvåta, stelfrusna och uttröttade vågade vi emellertid icke försöket och ville inte heller lämna de två svårt medtagna fransmännen åt sitt öde. Våra liv hade hängt i en tunn tråd, då vi räddade dem. Nu efter mörkrets inbrott blev visserligen tråden ännu tunnare, men vi konstaterade samtidigt, att vinden började mojna en liten aning, och detta ingav åter hopp. Vi blevo alla i livbåten mer eller mindre blåbankade, och våra två "patienter" ledo säkerligen oerhört. Turen stod oss dock bi, ty ungefär kl. 7.30 em. lyckades vi hugga an båten, och strax därefter hängde den under dävertarna. Eftermiddagen hade varit ansträngande, men våra mödor kommo icke på skam. Tre människoliv hade vi räddat. De räddade omhuldades på bästa sätt i den varma salongen, dit de forslades och nedbäddades.

Som en egendomlighet kan nämnas, att livbåten vid närmare undersökning var huggen fel väg, d.v.s. aktern pekade föröver. Detta bevisar, att vi i mörkret icke hade klart för oss, vilket som var fören, och vilket som var aktern. Strängt taget hade detta ingen betydelse. Huvudsaken var, att vi kommo ombord, men sjömansögat kritiserar alltid fel, som icke äro sjömansaktiga, även om det gäller livet. Snart hängde livbåten utsvängd, surrad och klar för nästa drabbning.

Vi hade, tack vare den höga sjön, blivit avsevärt fördröjda, men denna fördröjning var enbart glädjande, ty tack vare den räddade vi ytterligare ett människoliv. Efter det livbåten blivit surrad, gav skepparen order om sakta fart. Vi skulle göra en "cirkel" runt olycksplatsen och därefter ligga stilla. Det kunde fortfarande vara någon vid liv enligt hans åsikt. Alla signalljus voro tända trots den stora risk detta innebar för ubåtsanfall, men vi måste ju visa oss, annars gagnade det icke att vara kvar på platsen. Vinden fortsatte att mojna, och ingen kunde vid denna tidpunkt drömma om, att densamma c:a 8 timmar tidigare förorsakat en svår sjöolycka, en som höll på att få rubriken "borta med man och allt, antagligen torpederad eller minsprängd".

För att återgå till Danas stillaliggande lågo vi på detta sätt c:a en halv timme utan att vare sig höra eller se någon av alla de sjömännen, som saknades. Jag fick därför order att gå akter och klargöra loggen. Vi skulle nämligen lämna olycksplatsen. Under arbetet fick jag höra ett svagt men tydligt nödrop i närheten av akterskeppet om styrbord. Skepparen och hela besättningen varskoddes ögonblickligen. Tack vare att vinden hastigt bedarrat voro nödropen hörbara. Fartyget slingrade dock fortfarande kraftigt, och någon ny sjösättning av livbåt kunde det knappast bli tal om i mörkret.

Den ropande nödställde mannen skulle vi försöka bärga på annat sätt, bara han kunde komma närmare och bliva synlig.

Vi riggade lampor åt det håll, varifrån ropen komma, och det hördes tydligt av dessa, att mannen långsamt kom närmare ångaren. Efter en stund upptäckte vi en plaskande figur i vattnet. Det var den nödställde, men han hade slutat att ropa, han behövde sina sista krafter för att komma långsides. Spänningen var stor både för mannen och för oss. Vi tänkte närmast på negern, som vi tidigare tappat. För att säkerställa mannens räddning, släppte vi ned en matros på en utriggad stormlejdare. Matrosen hade en lina om. livet och skulle nog klara den nödställde.

Efter några minuters styvt jobb i vattnet hade matrosen lyckats få en lina om livet på mannen samt dennes ben in mellan de två nedersta stegen på lejdaren. När allt var klart, halade vi först ombord den nödställde, som legat i vattnet c:a 8 timmar, och därefter vår egen gosse.

Den räddade befanns vara samma neger, vi tidigare tappat. Han låg fortfarande i samma livboj, vi kastade efter honom. Då han väl kände fast mark under fötterna, ramlade han fullständigt samman och kunde ej yttra ett redigt ord, men mumlade något på engelska om drunkning. Även negern transporterades till salongen. och fick lämplig behandling för att återfå värme i sin till alla delar förfrusna kropp. Mannen befanns vara kock eller steward och således icke sjöman i ordets rätta bemärkelse.

De fyra räddade voro förste maskinisten, stewarden, en marinsoldat och en med för mig okänd ställning. Vattentemperaturen vid tillfället kan jag inte yttra mig om, men ett är säkert, nämligen att man badar icke godvilligt i november månad på denna del av klotet.

En stund efter negerns räddning ångade Dana med sina fyra räddade fransmän bort från olycksplatsen, där havet jordade 23 franska sjömän utan ceremonier eller högtidstal. Detta hav, som befares av många tusen sorglösa människor och även av sådana, som i kampen för tillvaron förtjäna sitt dagliga bröd, är en stor kyrkogård, där begravningar dagligen ske i all tysthet, utan präst och utan sörjande. Där finnas inga numrerade gravar, inga gravplatser att köpa. Alla få finna sig i att ligga i den stora och kalla havskyrkogården. Efter en stor och tyst begravning därute händer ofta, att havet ger någon av sina begravda tillbaka. Detta är dock endast dödsattesten på dem alla.

Vi fortsatte med vår kära Dana till Barry Redd, där vi avlämnade de räddade. Den "pigge" marinsoldaten var glad på ett trevligt sätt. Han sörjde sina omkomna kamrater och lade samtidigt i dagen en stor tacksamhet mot oss. De andra tre, som det ofrivilliga badet tagit mera på, var alla på bättringsvägen och blevo snart fullt återställda efter novemberbadet. Några månader senare satt sjöman Claesson på en bar i någon fransk hamnstad och blev igenkänd av den räddade marinsoldaten. Han hade, som syntes, sitt liv i behåll. Detsamma gällde emellertid icke den av oss bärgade förste maskinisten, ty efter att han kommit på ett annat fartyg, slutade han sina dagar vid en torpedering.

Efter allt detta franska prat övergå vi till England och dess poliser. De kunde under kriget liknas vid överstepräster. På deras mottagningar "pass-stämplades" och "predikades" för oss sjömän, där förmanades och varnades, där fördömdes och dömdes... det sista ofta till höga bötesstraff för rena bagateller.

Nu skall jag berätta, vad som hände s/s Danas besättning i Swansea vid Bristolkanalen. Fallet var typiskt. Polisen tog sin uppgift på verkligt allvar mot oss neutrala sjömän, som seglade och dagligen riskerade vårt liv för "Old England".

I någon av stadens dockor förtöjde vi en lördagseftermiddag och skulle således få fira söndagen i hamn, fria från min- och ubåtsbekymmer. Tidigt på lördagens eftermiddag avtågade hela Danas besättning till en bar, belägen alldeles utanför dockporten. Att jag icke var med berodde på en väntjänst. Jag svarade nämligen för den av pojkarna, som skulle vara vaktman, och han fick alltså gå i mitt ställe.

De stränga Swansea-poliserna, som icke kunde skilja på tysk eller skandinav, på spion eller icke spion, vaktade och vädrade en fin-fin "affär" vid åtta-slaget på kvällen, då polisuppehållet iland var slut. Hade dessa rakryggade herrar månne betalt för inburad neutral sjöman per styck, eller gällde det att skaffa och förstärka den engelska stadskassan med pengar? Dessa bötesbelopp voro avsevärda och även avskyvärda i våra sjömansögon, men för dem, som utförde "svepen", var lyckan god och inkomsterna stora.

Då hela denna på en bar sittande och i upprymt tillstånd varande fartygsbesättning icke kunde misstänkas för spioneri, beslöt man att stanna över tiden några minuter. Naturligtvis var detta orätt men mycket, mycket mänskligt av under orosdagarna seglande sjömän. Våra liv måste levas fort, ty fort kunde det vara slut: en torped eller en mina förintade många gånger en hel fartygsbesättning på några få minuter, Men lika kvickt, som en fartygsbesättning kunde skiljas från jordelivets alla bekymmer, lika kvickt åkte nu den på baren i trygghet skålande besättningen från glädjen och rätt in i polishäktet.

Några minuter efter permissionstidens utgång inställde sig nämligen polisen och avtågade med de häktade. England skulle säkert icke ha förlorat mycket, om polisen satt kurs på den nära liggande dockporten. Vi neutrala sjömän gjorde deras land betydligt mera nytta än motsvarande antal av deras egna vid fronten kämpande soldater... och risken, ja, den var lika stor på båda håll.

Nej, vår infångade besättning skulle sitta en obligatorisk natt i polisfinkan, och därefter betala sin tribut till "verket" eller staten. Varför dömdes vi då icke till längre frihetsstraff för begångna förseelser? Hade detta icke varit betydligt mera sympatiskt än att med klingande guld lösa friheten? Det senare hade nämligen en snubblande likhet med mutor. England var i hög grad beroende av alla sjöfarande under kriget. De ledande funno det därför icke lämpligt och kanske heller icke ekonomiskt med inburning på längre tid än en dag. De skandinaviska handelsflottorna under kriget drogo till större delen laster för Storbritannien och dess bundsförvanter.

Vi förflytta oss nu till söndagsmorgonen. Då jag vaknade och icke fann någon ombord, var saken tämligen klar. Polisen hade åter haft en "lyckad kväll". Beviset kom också ganska snart. Kl. 8.30 fm. ropade någon på kajen: "Dana, ohoj". Två poliser av den vanliga engelska längden voro de ropande, ingen tvekan längre, vår besättning var inburad. Efter en liten "palör" upplyste dessa, att 11 man av ångarens besättning var häktade. Poliserna ville träffa kaptenen och med honom göra upp affären. Då jag påpekade, att skepparen fortfarande sov, svarade de: "Visa oss hans hytt, vi äro män att purra honom."

De två polismännen blevo visade till skepparens sovhytt och framförde till honom sitt ärende samt priset, fem pund per häktad man. Skepparen, som icke hade och på söndagen icke kunde skaffa 55 pund, svarade: "Släpp dem alla lösa, och jag betalar i morgon". Detta kunde emellertid icke polisen gå med på, kontantaffärer voro de enda. Besättningen fick kvarsitta i häktet till måndagens förmiddag, då skepparen kunde uppbringa det erforderliga kapitalet. Då befanns det, att en del, som förut straffats för samma förseelse, fick dubbelt i böter. En fick också böta dubbelt, därför att han hade ett viktigt jobb ombord och ville lämna häktet redan kl. 7 på måndagsmorgonen. Han sade några sanningens ord och blev stämplad såsom bråkstake.

Då jag förut sagt, att England utan att bötfälla oss neutrala sjömän icke skulle ha förlorat mycket, får jag härmed i rättvisans namn ändra min uppfattning. Enbart i Swansea voro denna lördag och söndag inburade och bötfällda över 50 neutrala sjömän, och av dessa var större delen skandinavier. Räkna vi med minsta bötesbelopp, d.v.s. fem pund, finna vi, att polisen dessa två dagar förtjänade c:a 5000 kalla svenska silverpengar på sjöfolket, på dem som gåvo engelsmännen en hand med sina transportsvårigheter och sina folkförsörjningsbekymmer. I Frankrike var polisens läggning en helt annan, och i inget krigförande land var det engelska bötessystemet vanligt. Att engelska polisen måste ha kontroll på alla neutrala sjömän under det stora kriget var självklart, men att denna kontroll skulle dels rent personligt skada och dessutom i många fall ekonomiskt missgynna oss som voro deras vänner, det var uppenbarligen orätt. Engelska polisen sökte och fann alltid anledning till anmärkningar. I någon hamn upptäckte dessa, att jag varit i Tyskland. Det stod skrivit i min sjöfartsbok, och var således ingen hemlighet. Det hela blev ett litet extra förhör med dåligt eller rättare sagt inget resultat. Misstankarna började då att riktas mot sjöfartsboken, den vändes ut och in, och det betvivlades tydligen, att den var äkta. Fransmännen frågade aldrig, om jag varit i Tyskland, och tyskarna på sin tid struntade i, att jag då kom direkt från England. Än idag vet jag icke, varthän dessa polismän i England ville komma, de måste ha lidit av förföljelsemani mot oss skandinaver i allmänhet och mot oss svenskar i synnerhet. Som synes av det föregående kunde den engelska polisen icke vara populär bland oss under kriget seglande sjömän.

För att nu övergå till engelsmännens stora flotta, så var det icke fritt utan att även den retade oss. Vi ansågo nämligen, att denna icke bevakade sina kuster på ett fullt tillfredsställande sätt. Större delen av flottan placerades i väl gömda örlogsbaser, och kustbevakningen sköttes av trålare och mindre motorbåtar. Båda dessa typer passade utmärkt för ändamålet, men de voro alldeles för få för att kunna ge oss det skydd, som vi, enligt vår mening, hade rättighet att fordra.

Jag är ingen expert på militära saker, men blotta sjömansögat fällde ett för England mindre gott betyg beträffande dess kustbevakning under kriget. Hur ofta hände det icke, att vi, som dagligen trafikerade deras kuster, kunde gå timme efter timme utan att ens se skymten av något bevakningsfartyg. Den sammanlagda kust-sträckan av Brittiska öarna överstiger något 2000 sjömil. Härmed menas, att det skulle bli c:a 200 småfartyg för att placera ett på var tionde sjömil, en bagatell för ett land med Englands resurser. Jag är säker på, att vår högsjögående bohuslänska fiskeflotta skulle efter att ha blivit armerad, skött engelska kustbevakningen på ett bättre och mera effektivt sätt. Härvid tänker jag icke på fiskebåtarna som kustförsvarare utan snarare som en typ av arme-rade räddningsfartyg. Det hände tyvärr, att fartyg sänktes mycket nära land utan kustbevakningens kännedom. Sådant misskredite-rade Englands hela och stora flotta bland oss sjömän. Vi neutrala sjöfarande saknade alltså ett säkert skydd vid Englands kuster, ett skydd, som samtidigt skulle tjänstgöra vid räddning av besätt-ningar från förolyckade ångare, då dessas livbåtar söndersprängts eller icke hunnit bliva sjösatta.

Även bevakningen i öppen sjö, som utfördes av engelska krigsfartyg, underkändes vid våra "skanskongresser". Denna höst (1917) förintade några snabbgående tyska kryssare medelst kanon-eld en hel konvoj mellan Bergen och England, varvid två svenska fartyg och många svenska människoliv gingo förlorade. Allt detta tilläts av en stark men stillaliggande, väl rustad engelsk flotta. Sa-ken var icke slut med detta sorgliga faktum, utan tyskarna fortsatte med sin fräckhet mot både Bergenskonvojen och mot sina flata motståndare. De senare borde efter detta ha ryckt upp sig och vi-sat, att de sedan gammalt voro havets "herrar", även mot icke handelsfartyg. Men visst inte. Bergen-konvojerna förstärktes, dock ej tillräckligt enligt tyskarnas mening, ty en tid senare sände dessa åter några krigsfartyg, och på nytt förintades en hel konvoj. Vad skulle man tro? Var engelska flottan eller rättare sagt dess ledning icke den, som ryktet alltid velat påskina? Våra försvarare försva-rade med ett mycket dåligt resultat, och knappast annat var att vänta av en till större delen stillaliggande flotta. Inga stekta sparvar flyga in i kanonmynningarna, även om dessa ha engelsmännens breda kaliber.

Hela engelska flottan var dock icke stillaliggande; fristående lätta delar av den gjorde då och då Nordsjön, och särskilt dess södra delar, osäker. Det gällde i detta fallet att stoppa skeppsfarten mellan Holland och de skandinaviska länderna. Denna trafik fortsatte nämligen "fräckt nog" utan att anlöpa England.

Som redan sagts fordrade engelsmännen på skarpen visiteringstvång för neutral sjöfart mellan neutrala hamnar, och naturligtvis var den skandinaviska Holland-förbindelsen ej något undantag. Den måste ju, för att icke Storbritannien skulle förlora kriget, stoppas. De förut omtalade lätta engelska stridskrafterna uppenbarade sig därför då och då under höstens lopp i den fria rännan till Holland och kapade därstädes icke mindre än sex svenska ångare på kort tid. Efter dessa kapningar fördes de samtliga genom den farliga tyska zonen till England, där de enligt domstolsutslag beslagtogos, och besättningarna skickades hem. Orsaken till dessa snedvridna och för England föga hedrande kapningar, uppgavs, liksom i fallet Jarl, vara lasternas misstänkta fientliga ursprung, samt att de alla underlåtit anlöpa engelsk hamn för visitering.

Uppbringningsorsakerna voro icke dessa barnsliga svepskäl, utan Englands tonnagebehov. De måste anskaffa tonnage, och det billigaste och enklaste sättet var då kapning. Laster från det fientliga Tyskland kunde bevisligen tagas till Sverige på många andra sätt än att först passera Holland och därefter den med minor fulla Nordsjön

Var det då ingenting i England, som fann mitt gillande? Englands civilbefolkning hade min fulla sympati och min allra största högaktning! Jag flyttade därför också iland ett par veckor och "bosatte" mig i Cardiff, staden med möjligheter och med flickan som hade ett hjärta av guld. Gamla Dana var liggande i Swansea, när jag lämnade och tog adjö med kamraterna och kapten Aasbö. Den senare påminde mig om min föregångares sorgliga slut och försäkrade mig åter, att Dana var enda rätta fartyget under dessa "orkanartade krigiska orosdagar". Någon tid efter jag avmönstrat Dana, gick denna ut i Bristolkanalens mynning och räddade ytterligare 10 man men då från ett torpederat fartyg. Denna kunde man alltså kalla ett krigets lyckofartyg. Skepparen hade utan tvivel rätt. Ingen tycktes vilja göra hans båt illa.

Då jag tillskrivit Kapten Aasbö om namnet på den franska ångaren av vars besättning vi med Dana räddade fyra man år 1917, svarade den gamle kaptenen följande, här avkortat: "Den ångare, som vi med s/s Dana bärgade fyra man från, har jag tyvärr glömt både namn och hemort på. De räddade voro ju, som Ni säkert minnes, mycket medtagna efter den svåra olyckan. Vi räddade, sedan Ni lämnat Dana, ytterligare 10 man. Denna gången var det från en torpederad fransk ångare vid namn "St. Georges" av Brest. Själv fick jag personligen aldrig höra något från någon instans för vår hjälp på olika sätt. Nu har jag för länge sedan gått iland och slutat sjölivet."

Några veckor i Cardiff – vi överlista polisen

Denna gången anlände jag till Cardiff med tåg på min resa från Swansea. För oss sjömän har det alltid nyhetens behag att "sikta" en stad från ett kupéfönster i stället för från sjösidan. Intrycket blir emellertid alltid bäst från havet till en sjöstad, och detta faktum konstaterades även här.

Jag kom nu så att säga in bakvägen. Trots detta hittade jag snart reda på det Skandinaviska sjömanshemmet och var på "mammas gata" när julen skulle firas. Föreståndaren för hemmet var en lång, ljus herre. Till denne inbetalade jag två veckors inackordering. Att betala i förskott var alltid bra, ifall man skulle bliva pank av en eller annan orsak.

Fri från alla krigets farligheter befann jag mig just nu i en, mänskligt att döma, mycket trevlig ställning. Många på detta hem boende skulle säkert ha avundats mig, om de vetat eller på minsta sätt känt till alla i min väst insydda pundsnoter. Från första dagen började jag spela "herrekarl" och borstade icke ens mina egna skor själv. Vid restaurangbesöken på kvällarna lät jag pengarna rulla, men i sakta fart. Ett pund per kväll kunde jag avstå de två veckorna, jag beräknade stanna iland.

Även teater och biografbesök kostade pengar, i all synnerhet, som jag måste betala för två. En verklig sjöman blir förälskad i alla hamnar, och något lysande undantag representerade icke jag. Man kan ha mycket roligt på många sätt i främmande hamnar. En trevlig flicka på en trevlig promenad är att föredraga framför all utländsk sprit. Användes spriten som både nöje och njutning blir i alla fall och i första hand sjömannen en dekis-figur. En sjöman, som bär sig illa åt iland, kan efter ett par tre veckors landvistelse knappast kännas igen. Han dalar märkbart varje dag, och många gånger blir hela livet förstört. Dessa äro dock som regel ej många.

En sjöman kännes emellertid lätt igen, både typ, klädsel och tungomål förråder hans arbetsfält. De flesta människor i andra kategorier äro sig tämligen lika, och när därför en bär sig illa åt dömes ingen. Judarna och vi sjömän äro typer, lätt igenkända och lätta att fördöma, vi äro båda minoriteter, som många gånger icke kunna försvara oss mot elaka människor och vassa pennor. Juden och sjömannen ha många likheter, de vilja gärna förflytta sig från plats till plats, de kunna aklimatisera sig var som helst, när vandringsåren är över, de finna sig i omständigheter, som andra anse hopplösa m.m. Beträffande sparsamhet skilja de sig emellertid högst betydligt. Juden är född sparare, och sjömannen är född storslösare. Jag skulle icke vilja, att det svenska sjöfolket utgjordes av judar, men en del av deras bästa principer kunde uppsnappas och tillämpas.

Själv har jag icke, och kommer säkerligen icke att få, judens sparsamma läggning. Just i mina pojkår levde vi sjömän en lek med livhanken. Voro vi då icke i vår fulla rätt att roa oss och leva upp våra förtjänster, innan det var för sent? Hade icke jag gått till banken vid sista avmönstringen, om jag varit lika säker på livet, som juden bakom disken i Cardiff? Han visste, att intet ont kunde vederfaras honom. Han var säker på sitt jobb, han var säker på vägen från och till detta, han var slutligen säker hemma hos sin fru, att inget skulle inträffa, som ändade hans liv. När voro vi säkra? Trampade vi icke dagligen ett däck, som när som helst kunde flyga i luften? Om vi lade oss till vila i våra kojer eller vistades i skansen, vårt hem, var säkerheten större där? Nej, ingenstans fanns den verkliga landbackesäkerheten, och under sådana omständigheter skulle icke ens en jude ha gått till banken med sina pengar. Tiderna efter kriget ha visserligen på havet blivit säkrare, men hur ofta se vi icke döden i vitögat, och vad gagnar pengar efter döden? Vårt arbetsfält egga oss icke till sparsamhet, jag tror t.o.m, att en jude skulle gå bet trots sina medfödda goda egenskaper i detta hänseende. På havet passa inga sparare, där finnas som regel inga judar heller. Det är lika ovanligt att träffa en jude som sjöman, som att träffa en sjöman som sparare.

"Den fåfäng går lär mycket ont", och detta var fallet även med mig. En dag föll jag för frestelsen att spela kort. Detta var till att börja med ej så farligt, ty budena voro rätt låga. Efter hand höjdes emellertid insatserna, och klockan sex på kvällen hade jag det sorgliga nöjet att konstatera, att jag var pank på mina ägandes 20 pund. Roligare kunde jag haft för mina surt förvärvade slantar. Och att jag, som lovat mig försiktighet, kunde bära mig så drulligt åt, var ofattbart. Mina hyggliga medspelare, som avmönstrat från ett norskt valkokeri, kunde alldeles säkert icke hjälpa, att hela min kassa försvann. Dum och ledsen verkade jag troligen, när jag "lättade" och lämnade "laget".

För en kamrat omtalade jag min brydsamma ställning, och dessutom att skamkänslan pinade mig. Han biströckte mig med 10 shillings samt uppmanade mig att åter starta. Jag följde vännens råd, och hade jag mycket god tur, ty efter ett par timmar var jag åter innehavare till mina förlorade 20 pund. Synnerligen glad i hågen reste jag mig från spelbordet, redovisade för mina medspelare och slutade utan vinst att spela kort för alla tider. Kortspel är roligt, då det användes som tidsfördriv och icke som hasard.

En bland mina gladaste kvällar var på aftonen efter denna kortspelardag. Vännen, som lånade mig de 10 shillingarna och jag voro på Carlton Restaurang och festade i glädjen över att mina pengar återkommit i mina och därmed de rätta fickorna. Jag och min vän och långivare uppvaktade var sin lilla flicka samt blevo allt mer och mer oskiljaktiga. Han var född norskaustraliensare och bar förnamnet Carl-Odd.

Vi sympatiserade nära nog bara för likheten i våra namn. Carl-Odd, som var världsman och något äldre än mig, hade till att börja med mycket gott om pengar. Han lät dock dessa rulla med hög medelfart. Resultatet gjorde sig snart gällande. Redan efter knappa två veckor iland, fick den käre Carl-Odd vända sig till mig, när han behövde några slantar.

Men även för en kapitalist av min kaliber började pengarna snart tryta. Och en vacker kväll konstaterade vi, att den gemensamma kassan endast räckte till en "promenad" med våra små vänner. Det är alltid tråkigt, när så blir fallet och detta i all synnerhet bland oss sjömän. Vi passa mindre att vända på pencare än landbackens folk. De senare ha mera träning på området, de leva ju hela sitt liv på land. Penningbekymren lade vi emellertid nu åt sidan, och en stund senare sammanträffade vi med våra små flickebarn. En inre röst ropade dock: "Lämna både dessa och Cardiff snarast möjligt, ju förr desto bättre". Dagen efter sökte vi därför och fingo jobb ombord på en stockholmsbåt vid namn Zamora. Med denna ångare på c:a 5000 ton skulle vi vända England ryggen och försöka glömma våra små rara töser samt hoppades att aldrig sakna dem eller Cardiffs mer eller mindre kolbelagda gator.

Zamora skulle fortast möjligt avgå till Sandy Hook, USA, för vidare order. Vår avsikt var att i all "tysthet" lämna fartyget i Amerika, och vi voro icke litet glada för den nu förestående resan. Vi skulle lämna det mest "bördiga fältet" för minor och tyska ubåtar. Minrisken försvann helt och hållet några hundra mil ut i Atlanten, och de farliga ubåtarna blevo allt mera tunnsådda, ju längre västvart man kom. De döko dock upp här och där i hela norra delen av detta hav. Således skedde vid USA:s ostkust i omedelbar närhet av land många fartygssänkningar.

Under hela vårt långa uppehåll i Cardiff hade vi icke några besvärligheter med polisen. Men dessa började åter göra sin makt gällande efter det vi påmönstrat Zamora. Passades icke portstängningen i dockan, blev det den vanliga bötfällningen. Hur kunde något så dumt fortgå? Samma myndighet, som beviljade tre veckors uppehållstillstånd iland åt neutrala sjömän, letade därefter med ljus och lykta efter samma personer, sedan dessa fått ny anställning.

Dagarna gingo, och vår förestående resa blev oupphörligt uppskjuten. Vi träffades ofta, vi och våra flickor. Vi sade lika ofta adjö, men återkommo alltid, eftersom det ingen avgång blev. En dag kom min vän Carl-Odd och omtalade, att hans kärlek till hans flicka tilltagit i så oroväckande grad, att förlovning skulle verkställas redan samma kväll. För mig blev det visserligen ingen förlovning, men erkännas bör, att endast min ungdom stoppade medborgareskapet. Även polisens fientliga hållning bidrog till att min flicka aldrig fick bära mitt efternamn.

Mot "polisfientlighet" använde vi de mest utstuderade krigslister. Vi gingo helt enkelt icke ombord på kvällarna, när permissionstiden var slut. Vi slingrade oss på många sätt. Vid 9-tiden på förmiddagen var det, vi tidigast kunde "åla" oss in till dockorna. Vår permission började kl. 8 fm, och ibland narrades vi, att vi kommit ut genom lilla porten vid denna tid och endast varit på sta'n ett ärende. Andra gånger återigen upplyste vi, att besöket gällde den inom dockans område liggande Skandinaviska läsrumskyrkan. Dessa små knep lyckades flera gånger, men så en dag blev det stopp med både smygandet och jobbet.

En lördagseftermiddag gingo Carl-Odd och jag iland, och naturligtvis skulle vi olovandes endast uppehålla oss i staden till på söndagens eftermiddag, och detta skulle vi väl med tre veckors god erfarenhet lätt klara. När söndagens eftermiddag kom, var emellertid vädret strålande för promenad, och flickorna voro ännu vackrare än vanligt. Vi kunde därför icke motstå frestelsen att på egen hand förlänga permissionen. Denna manöver var naturligtvis ej rätt, men vilka chanser taga väl icke pojkar, då det gäller - - - ?

Dagen efter skulle vi navigera oss ombord via den läsrumskyrkan. När vi närmade oss polisvakten, måste vi se ledsna ut enligt vår uppgjorda plan. Vi skulle nämligen beklaga, att vi icke fått brev från våra hem i Sverige och Norge. Visserligen voro vi polisskygga och nervöst rakryggade men blevo trots detta icke misstänkta. Polisen deltog djupt i vår "brevsorg" men trodde icke läsrummet, dit vi adresserat våra eventuella brev, var öppet vid denna tidiga timma. Vi fingo dock vaktens välvilliga tillstånd att besöka.

Vår lilla nödlögn lyckades även denna gång, och något senare hade vi passerat det omtalade läsrummet, och polisvakten var snart utom synhåll och långt akteröver. Båda hade vi den belåtna glimten i ögat, när all fara var över, men Carl-Odd tyckte, att jag sett en aning rädd ut i själva dockporten, där "snuten" stod. Vi hade emellertid återigen lurat en engelsk polis, och detta gav bland oss sjöfolk en synnerligen stor tillfredsställelse under kriget.

Glädjen varade dock icke länge. Straffet kom omedelbart vid vår ombordkomst. Skepparen var uppretad till lejonets raseri. Han lovade att anmäla oss dels som rymmare och dels för olovligt uppehåll iland. Det senare var ju strängt taget vår sak, varför vi bad honom vänligt men bestämt att hålla tassarna borta. Skepparen hade alltid verkat nedstämd och bekymrad, och idag hade detta slagit ut i full blom. Vi förstodo honom delvis, eftersom han var skåning. Han förtjänade naturligtvis icke nog pengar på sitt stillaliggande fartyg. Han klagade högt, att vi "driftat" från ångaren över hela söndagen, då vi borde varit ombord och tjänstgjort som "babian" var sin timme, Carl-Odd och jag. Zamora var förtöjd i bojar, och som "babian" räknades den vakt på däck som passade lillbåten, vilken roddes fram och åter mellan fartyget och kajen. Babiananmärkningarna kunde vi icke godkänna men däremot den sena ankomsten till fartyget, vilken inkräktat ett par timmar på arbetstiden.

Vi förstodo nu, att skepparens raseri måste grunda sig på annat än vår lilla "söndagsutflykt". Han dundrade ju, som om han tappat både jobb och fartyg. Vi ilsknade till och förklarade för "gubben", att vi varken fruktade honom eller hans hot om polisanmälan. Orsaken till hans humör kröp då fram, och denna var sannerligen stor nog. Hela fartyget befanns beslagtaget, och dess i Sverige mönstrade besättning skulle fritt transporteras hem. Ett leende gick över våra läppar. Myndigheterna togo Zamora istället för oss. Det var ödet. Nåja, vi hade ingenting annat att göra än att packa våra prylar och lämna det "kapade" fartyget.

Någon fri hemresa kunde vi ej beräkna, eftersom vi icke mönstrat i Sverige. Däremot skulle de av besättningen, som icke ville åtnjuta förmånen av fri hemresa, kompenseras med 10 pund per man. Säkerligen borde och skulle Carl-Odd och jag kunnat räknas till dem, som av regeringen blivit tillerkända detta belopp. I januari månad, nådens feta år 1918, voro vi emellertid icke beroende av dessa slantar. Vi kunde när som helst skaffa sådana genom att antaga ett nytt jobb, och för övrigt voro vi ej barskrapade.

De engelska myndigheterna hade beslagtagit Zamora, och detta var inget ovanligt öde för svenska eller andra neutrala fartyg. Många sådana "kapningar" ägde rum både i England och Frankrike samt kallades på lärt språk för "rekvisitionering av neutrala fartyg".

Dessa "kapningar" av i hamn liggande svenska fartyg skedde med tillstånd av den svaga svenska regeringen. Denna hade nämligen fått till stånd ett avtal med England, vari detta land skulle kompensera "kapningarna" med vissa för Sverige nödvändiga varor. Som synes gick det lätt att bli av med fartyg under det stora kriget även då sådana lågo väl förtöjda i engelska hamnar. "Lasse i Gatan" skulle ha blivit grön av avund, om han levat och sett, hur lekande lätt många kapningar verkställdes. Tappandet av Zamora spelade för oss mindre roll. Hundratals andra fartyg stodo till vårt förfogande. Zamora skulle nu bestyckas och förses med engelskt befäl samt manskap.

För skepparen på Zamora var det värre. Hans raseri förstodo vi mycket väl. Han såväl som vi fick packa och hade den stora nackdelen att få lämna en kanske mångårig befälhavareplats. Inga befälhavare drogo sig frivilligt tillbaka under kriget. Deras löner voro minst sagt grova, och människan är ju guldets slav. Några hundra kronors större betalning, och vilka riskfyllda platser som helst kunna besättas. Guldets dragningskraft är stor och gäller, även om folk står med det ena benet i graven och endast ha någorlunda fast mark under det andra. Guldet var huvudsakligen grunden till vår skeppares raseri. Guldet var huvudroten till kriget, och jag tvekar icke att påstå, att guldet och icke tanke på fosterlandet drev många hundra svenska sjömän i döden.

Vi lämnade Zamora och voro nu i skepparens sällskap på väg till polisen för att erhålla det vanliga avmönstringstillståndet. Skepparens humör hade nu övergått till "något bättre", och han anförtrodde oss t.o.m., att han icke längre tänkte polisanmäla vår lilla "bondpermission", utan tvärtom skulle han framhålla oss, om vi behövde hans tjänster. Allt gick också utmärkt både hos polisen och på konsulatet.

På det senare stället träffade vi en skeppare från en hälsingborgsbåt. Denne skulle ha två matroser, och vår gode, fast av det föregående att döma, något argsinte "gubbe föreslog oss. Vi avböjde och tackade med ett bestämt nej, fartyg från Sveriges södra delar voro icke populära bland oss sjöfarande. Särskilt denna båt, som skulle gå till Västafrika, var oss synnerligen motbjudande. Därnere lurade nämligen febrar, och sådana slutade icke sällan med dödsfall.

På havet var det i alla fall en viss ära att dö. Detta kunde däremot icke sägas vara fallet, om döden skulle inträffa bland Afrikas svarta innevånare. Nej, Carl-Odd och jag skulle ta' en liten båt, helst ej stor nog att offra en torped på. Vederbörande måste ju även här tänka på "utgifter och inkomster". För övrigt behövde ju vi ingen båt just nu. Vi hade nyförvärvade och i fickan "kliande" slantar att spänna. En sjöman går nämligen aldrig till sjöss med pengar. Detta anses vara mycket oturligt, och sådant vill man naturligtvis ej utsättas för. Nej, pank vill man vara, och lycka vill man ha på alla färder, vart kosan än bär.

När vi avmönstrat, uppsökte vi närmaste bar för den sedvanliga avmönstringsdrinken. Detta är en obligatorisk sjömanssed och får absolut icke förbigås. På denna bar träffade vi en gammal bekant, steward Peder Pedersen från Danmark. Mannen, som passerat 50, gjorde med sina välsittande kläder ett gott och eftersträvansvärt intryck. Han var liksom en far för oss yngre, drack obetydligt, men var trots det synnerligen trevlig i sällskap.

Typisk sjöman var han emellertid, talade alltid om sjön och om sin mångåriga tjänstgöring på havet.

76

Som ung pojke hade han lämnat sitt kära Danmark och ville nu helst tala engelska. Sådant inträffar icke sällan bland havets arbetare. Han lyssnade dock med mycket stort intresse, när jag berättade om Danmark och om "äventyr" från hamnar i detta bördiga land.

Efter en stund lämnade vi dock detta samtal och övergick till kriget och då i första hand till krigsolyckorna på havet. Jag var glad, och framhöll, att svenska handelsflottan undgått större olyckor på det nya året. Jag kände då icke till, att Svenska Lloyd-ångaren Adolph Meyer försvunnit med man och allt. Vad jag däremot med säkerhet visste var alla de hemska olyckor vår handelsflotta varit utsatt för i slutet av det gamla året, bl.a. hade ångaren Nike torpederats, varvid 16 man av besättningen omkommit. Vidare hade ångaren Vind gått förlorad med man och allt. Dessutom saknades flera segelskutor, förmodligen borta för alltid med sina besättningar

Efter detta resonemang vid vårt "barsammanträde" ansåg Pedersen, att Carl-Odd och jag, som voro unga, skulle kvitta England och dess farliga farvatten. Han själv ansåg sig däremot gammal nog att taga vilka risker som helst, även om dessa skulle släcka hans livslåga. Pedersen hade levat livet men ville varna oss som voro yngre och således ej fått ut fullt så mycket av detta.

Carl-Odd föll här in och undrade, om vi hört, att en norsk ångare hade torpederats föregående natt och att flera av dess besättning gått förlorade. Nej, vi hade icke hört om denna stora familjesorg; vi tre medlemmar av den skandinaviska familjen kände oss därför djupt rörda. Hemma talas det alltid om, ifall någon är dansk, svensk eller norsk. Vi sjömän känna dock samhörighetskänslan betydligt mera och tala i regel endast om oss skandinaver.

"Nå, Carl-Odd", inflikade jag, "vad var namnet på den olyckliga ångaren, som torpederades inatt"?

"Å, det var en liten Haugesundsbåt vid namn Aalesund. Torpeden träffade rätt i ångpannerummet, varvid sex man dödades ögonblickligen, resten slungades eller hoppade överbord och bärgades något senare av konvojfartygen".

"Väl att de voro i konvoj, annars hade de alla blivit borta", sade Pedersen och reste sig för att lämna baren. Vi skildes nu åt men hoppades att snart återse varandra. Pedersen var i alla fall mannen med stora erfarenheter och mannen, i vars sällskap man endast lärde gott. Dagen efter denna händelse började även vi att söka en lämplig ångare. Vi behövde icke taga vilken rostlåda som helst. Den lämpliga ångaren tycktes redan ligga och vänta på oss i Barry Dock. Vi reste dit, och vid vår inspektion godkändes densamma. På detta fartyg skulle Carl-Odd bliva båtsman och jag matros. Vi skulle således icke bo i samma skans, men vi voro överens om att hålla samman, trots att det nu uppstod en liten men dock "rangskillnad". Efter att ha återvänt till förhyrningskontoret och i mönstringsrullan skrivit våra namn voro vi åter sjömän med och icke utan fartyg.

Carl-Odds första skyldighet var att gå hem till sin fästmö och pussa denna "goodbye", ty vi skulle nämligen segla tidigt nästa morgon, om allt gick efter beräkning. Något "goodbyepussande" hade jag ingen skyldighet till men gjorde detta i alla fall.

Sent på kvällen samma dag voro vi åter på väg till vårt fartyg, som var liggande strax utanför Cardiff. Innan avresan från Cardiff lämnade vi alla våra bästa kläder och andra personliga "dyrbarheter" till Carl-Odds inackorderingstant. Man måste alltid vara på sin vakt, och ersättningen i NORSKA FARTYG vid en eventuell olycka var lika stor, hur litet man medförde. När vi slutligen denna kyssmigadjökväll anlände till "Elfi", som var ångarens namn, blevo vi mycket överraskade. I "köket" stod vår vän Peder Pedersen. Han hade redan börjat sitt jobb som steward ombord.

s/s Elfi av Oslo – torpederas eller minsprängs

Elfi var en liten men modernt utrustad båt på c:a 1700 ton. Den hade maskinen akterut (s.k. akterladdare) och var riggad endast med "pålmaster", om man bortser från en liten signalmast på förkant av bryggan. Förut hade ångaren två lastluckor och akterut, d.v.s. akter om bryggan, en sådan. Där den sista eller lucka tre slutade, togo eld- och maskinrummen vid. Fartyget var mycket likt alla engelska kustångare i denna storlek, om man tänkte sig vanliga master å detsamma. Intrycket från föregående "inspektion" kom icke på skam. Allt var ovanligt trevligt. Trevliga voro även kamraterna. Vännen Carl-Odd fick egen hytt midskepps, precis som jag själv hade haft på s/s Dana. Han var visserligen "bara" båtsman men fick titeln andre styrman, eftersom ingen sådan fanns.

Vår första resa gällde Frankrike, och denna samt återresan till England klarade vi utmärkt. En ångare sågo vi visserligen, som träffats av en torped eller ränt på en mina och blivit satt på land i närheten av Lizard Head. Detta ansågo vi dock ganska naturligt, och sådant tillhörde ordningen runt Englands kuster vid denna tid.

Sedan hamnade vi på Englands av mig mycket litet gillade ostkust. Det var närmare bestämt till Shields vi anlände efter vår lyckligt utförda rundresa till Frankrike. Inga engelska kuster voro riskfria, men säkerligen var ostkusten den mest farliga, åtminstone enligt min beräkning och efter min fantasi. Här hade många av mina sjömansbekanta fått sin sista och våta viloplats.

Läste jag förresten icke i Frankrike vid mitt sista uppehåll, att göteborgsångaren Adolph Meyer hade gått under med man och allt, antagligen minsprängd på den kust, jag just nu befann mig? Läste jag icke vidare, om huru stor besättningen var och slutligen namnen på alla dem, däribland namnet på en kär barndomsvän till mig? Han var icke bara vän och en sympatisk ung man, John Jansson från Malmön, han var dessutom förlovad med en kusin till mig. Johns oförmodade död tog mig synnerligen hårt. Jag sörjde honom djupt och tänkte även på, att min "tur" snart kunde vara inne. Jag får än idag en påminnelse om min gamle vän varje gång jag passerar förbi sjömanstornet i Göteborg, där hans namn är inhugget tillsammans med hundratals andra från denna för sjöfolket så olyckliga tid.

Vi återgå nu till Elfi, som låg i Jarrow Staith on Tyne och intog kollast. Platsen var belägen en aning innanför Shields. Vi brukade kalla denna och andra ställen i Tynefloden för Shields, dock med undantag av Newcastle. Förste maskinisten, som varit iland, hade besökt norska konsulatet och berättade vid ombordkomsten, att jag där skulle snarast möjligt avhämta en mig tillhörig "kappsäck". Ack, ack, det var ett misstag. Carl-Odd hade i Frankrike blivit tvungen att till Cardiff eftertelegrafera sina kvarlämnade kläder.

Gumman i Cardiff hade naturligtvis förväxlat våra snarlika förnamn och skickat mina grejor i stället för hans. Sjöman Carl-Otto inställde sig på konsulatet och avhämtade sina "dyrbarheter", vilka bestodo av en extra fin skräddarsydd kostym och två "landgångsskjortor" samt litet småplock, allt inneslutet i kappsäcken. Carl-Odd blev mycket besviken, för att han icke fick sina pinaler, och för mig var fallet omvänt. "Du", sade jag skämtsamt åt Carl-Odd, "går det åt skogen nu, kommer jag att lägga vantarna på din kappsäck i Cardiff." "Ja, kan jag ha din kostym, får du gärna ta min", sade Carl-Odd, "men vi få prova, när vi komma ut och få tid." Så här, strax före avgång ha vi sjömän alltid mycket att göra, och personliga saker få vi då mindre än vanligt tänka på.

Just nu voro vi förste styrmannen behjälplig med att skalka 3:ans lucka, och det är jobbigt för några få mannar med dessa stora lastluckor. Under arbetet med skalkningen kom förste maskinisten fram och gav förste styrmannen en shilling, som denne lagt ut på förmiddagen samma dag. Styrmannen tyckte, att det icke var bråttom eller ens noga med en enda shilling. Maskinisten framhöll dock de oroliga tiderna och skämtade allvarsamt med styrmannen att eventuellt förlora shillingen, om han ej tog den med detsamma.

Vännen Peder Pedersen höll en utmärkt god mat, och detta är ju strängt taget det viktigaste på ett fartyg. Blir maten dålig, är alltid både befäl och allt annat dåligt. Där var någon, som ropade ett hallå, det var Pedersen, som ville ha hjälp med provianten. Vi, som färdigskalkat 3:ans lucka, ville gärna ge steward Pedersen en hand. Han var allas vän och kunde få hjälp av alla.

"Har ni hört", sa' en av grabbarna under tiden vi höll på att langa proviant, "att tyskarna ha skjutit en projektil genom skorstenen?" "Jo", sade Pedersen, "det lär ha inträffat för några månader sedan utanför Havre. Strax innan fartyget skulle taga lots, dök en ubåt upp och avlossade några skott, och av dessa råkade ett skorstenen".

Carl-Odd närmade sig nu proviantgänget. Han såg något blek ut, när han berättade, att två fartyg denna dag på förmiddagen blivit sprängda i luften vid kusten något söder om Shields. "Åtminstone i ena fallet lär det ha varit en tysk torped, som förorsakat explosionen", sade Carl-Odd. Nåja, om det var en mina eller en torped hade mindre betydelse för oss sjöfarande. Det var nära nog bättre att flyga i luften utan att först ha sett en torpedstrimma, som ej kunde klaras. Man kan icke rädda sig på en söndersprängd torped eller mina. Båda äro människodjävulens fiskredskap för att åstadkomma förödelse, sprida död och verka avskräckande. Förödelse och död hade den yrkesfiskande människodjävulen lyckats med idag. Att dessa till yrket människoätande "fiskare" verkade avskräckande för andra havets söner måste erkännas. Såg jag icke just nu på Carl-Odd hans rädsla för döden, och kände jag ej själv, hur mitt eget hjärta bultade med hastigare slag vid blotta tanken på havet, där vi om en timma skulle befinna oss? Den ende, som ej verkade rädd, var Peder Pedersen, men han var ju enligt egen utsago redan sjöklar för nästa liv.

Den 7 febr. på eftermiddagen 1918 kastades förtöjningarna loss, och den kollastade Elfi började glida mot Rouen. Redan när lotsen lämnade vid tretiden, voro båda livbåtarna utsvängda och bägge flottarna utryckningsklara; de senare voro sista hjälpen, om livet ej kunde klaras på annat sätt. Skepparen övertalade oss emellertid att ej vara rädda. Han framhöll, att hade tyska ubåtar verkligen sänkt två fartyg under dagen, voro de säkerligen "proppmätta" och storbelåtna med sin dag.

För oss var vädret gynnsamt disigt. Dålig sikt och tjocka är i vanliga fall sjömannens fiende.

Efter det vi lämnat lotsen lades fartyget in på sydlig kurs, och resan fortsattes utan anmärkningar i det disiga vädret. En stund efter lotsen "kvittat" fick jag för egen del frivakt och gick fram i skansen för att njuta av den goda sömnen, efter det dagens kol- och arbetslort blivit avtvättad. Under skämt och ubåtsprat vid den kära kaffetåren gingo minuterna kvickt, och en av kamraterna skojade t.o.m. om min i misshugg ombordkomna kappsäck. Den skulle placeras utanför skansdörren av två skäl, dels kunde den vara bra att flyta på, och dels hade jag större chanser att klara den vid en eventuell smäll. Kamratens förslag accepterades, och jag öppnade dörren och ställde min egendom utanför.

En av mannarna av vakten på däck passerade just förbi, och jag frågade honom, om han sett eller hört något misstänkt. "Ånej", svarade han litet slött, "inga ubåtar eller minor, men väl litet vrakgods." Han tillade något om, att detta antagligen voro rester av de två förut omtalade ångarna och fortsatte: "Både skepparen och förste styrman äro emellertid på bryggan och hålla god utkik, de verka en aning ubåtsrädda, den dåliga sikten till trots." När jag åter stängt dörren efter samtalet, beslöto vi oss för att ha en behövlig och stärkande vila i våra goda kojer.

Men när vi just stodo i begrepp att krypa i dessa, då klockan var precis fyra em., skakades fartyget av en våldsam detonation, som kastade oss omkull och troligen bedövade oss för några ögonblick. Tunnklädda och med omtöcknade hjärnor reste vi oss emellertid åter och rusade ut på däck. Nu gällde det liv eller död. En sky av rökmoln och massor av utrusande ånga slog emot oss på däcket och reducerade synförmågan avsevärt.

I hastigheten kvarglömde jag i skansen min livväst, som tillfälligtvis var avtagen. Det måste erkännas, att hjärnan arbetade ovanligt hackigt ögonblicken efter olyckan, dock stod det klart för mig, att livvästen till vilket pris som helst skulle tillrättaskaffas. Utan den var dödens famntag uppenbart.

Jag vände därför hastigt om och sprang åter in i skansen och lyckades rycka till mig den kvarglömda räddningsvästen.

Här gällde icke längre minuter utan sekunder, ångaren "lutade" redan betänkligt akteröver, när jag med livvästen på armen rusade åt detta håll. Som galningar rusade vi till livbåtarna, vari vi alla skulle söka vår räddning. Besvikelsen blev emellertid stor, då bägge livbåtarna voro bortsprängda och inte ens "bitvis" synliga. Hela akterskeppet var redan under vatten, och jag antar, att Elfi sprängts mitt av något ställe mellan 3:ans lucka och maskin.

Jag ser icke kaptenen men hör honom av alla krafter ropa: "Hoppa i sjön gutter och sim till flotten, hoppa i sjön gutter och sim till flotten". Än idag, 20 år senare, kan jag höra dessa genomträngande skrik, och mycket klart kan jag fortfarande se den av sex oljefat sammansatta flotten avlägsna sig akteröver. Fartyget gör nämligen trots sitt svårt sårade tillstånd fart föröver. Den ene efter den andre "tippas" av fartyget, efter hand som detta intager en allt mer och mer lodrätt ställning.

Styrmannen Johan Glosli och vännen Peder Pedersen befinna sig på midskeppsbyggnaden och äro ännu några få sekunder fria från havets kalla näve. Pedersen tappar emellertid sitt förstånd, han är en alldeles för god och ädel man att råka ut för denna människodjävulens kraftigaste urladdning. Han står där till synes stolt och nekar att lämna det sjunkande fartyget. Med stor kallblodighet försöker Glosli övertyga Pedersen att lämna Elfis allt mer och mer sjunkande däck. Icke ens när styrman Glosli tager sin egen livväst och förser Pedersen med dubbla sådana, lugnar han sig; han är ej vid sina sinnens fulla bruk. Han springer i stället bort och klänger sig fast vid den lilla signalmasten. Pedersen kan visserligen klättra undan det mer och mer närgångna vattnet, och gör även så, men döden är dock oundviklig, eftersom masten snart tager slut. Han dog framför våra ögon. Pedersen var en gentleman, och han skall alltid som sådan kvarstå i mitt minne.

Cirka tre minuter efter explosionen såg man endast en mycket liten del av bogen på Elfi, när denna stod nära nog lodrätt upp. För oss på vattnet omkringkastade besättningsmän såg det hela minst sagt sorgligt ut. Bogen på Elfi och massor av vrakgods vittnade om, att ett fartyg förintats. Mellan Shields och Sunderland hade tydligen denna dag människodjävulen spelat upp till dans, hornminor och torpeder voro lika tydligt de av honom använda instrumenten. Fanns det icke eller finns det icke en rättänkande del av klotets innevånare, som strängeligen kan förbjuda alla slag av liknande instrument?

För alla i vattnet var nu nästa etapp försök att nå den oskadade flotten, det enda ej söndersprängda flytetyget i livräddningsväg. Många av oss voro ganska nära flotten och lyckades snart nog uppnå den. Man förstår nog det värdefulla med en sådan flotte, om man betänker, att i farans stund kan den allra minsta vrakdel inge hopp. Men varför försvunno båda flottarna så hastigt från fartyget? När livbåtarna gingo all världens väg vid explosionen, togo de som sällskap flotten, vilken var placerad på akterdäck. Kvar var endast flotten om babord på förkant av bryggan, och denna tappades genom en ren olyckshändelse.

Vid hastigt påkommande olyckor är det ingen, som fullkomligt kan hålla huvudet kallt och arbeta efter väl uttänkta metoder. Det enda riktiga vid detta olyckstillfälle hade varit att ej röra den lätt sjösättbara, på ett finurligt lutande plan välplacerade flotten. Nu sjösattes den i olycksögonblicket och i förhoppningen, att fånglinan, som var manad föröver, skulle hålla den långsidan av fartyget. Vid fånglinan på flotten var en yxa placerad, som skulle användas till kapning av linan, när flotten var fullt bemannad. Fånglinan var emellertid icke stark nog att dragga med sig den tunga flotten utan brast omedelbart efter sjösättningen, och vår kära flotte åkte akteröver på egen hand. Elfi var visserligen sjunkande men låg till att börja med ej stilla. Härmed dömes ingen, ty vem som helst skulle ha utfört samma misslyckade manöver.

Några minuter efter vi "tippats" av Elfi, voro vi fem man välbehållna på flotten, däribland kaptenen och författaren till denna berättelse. Men flotten kunde ha burit tredubbla antalet. Utom de fem var en synlig i vattnet ganska nära och ytterligare fyra en bra bit längre bort. Då Elfi hade haft en besättning av 16 man, och då de nu levandes antal kunde räknas till 10, var det lätt att konstatera, att sex man voro borta, döda eller drunknade.

Ångaren, som fortfarande höll sig uppe med den lilla biten av "näsan", stod antagligen med akterändan balanserade på botten. Vårt intresse var dock icke fartyget utan kamraterna i vattnet. Det var vid tillfället alldeles smul sjö och icke det ringaste dyning. En aning lätt bris var dock rådande, och denna förflyttade oss sakta från olycksplatsen.

Den närmaste i vattnet befann sig i ett synnerligen svårt nödläge, han var icke försedd med livväst och var dessutom en dålig simmare. Han började också snart under nödrop att visa den slutliga tendensen, den varifrån ingen kommer med livet. Glädjande nog var flotten utrustad med en lång smäcker lina, och en av pojkarna simmade bort till den nödställde samt slog linan runt hans liv. Vi halade därefter mannen till oss och hjälpte honom upp. Kamraten, som varit eldare, var svårt utmattad men tydligen en våghals, som seglade till sjöss under detta förhatliga krig utan att ens vara fullt simkunnig.

Flottfamiljen hade nu ökats till sex, men fortfarande var det fyra kvar i det allt annat än angenäma badvattnet. Vad kunde vi då göra för dessa stackare? Ingenting! Flotten var nämligen icke försedd med framdrivningsmedel av något slag, och att överhuvud taget t.ex. ro en sådan klump var knappast tänkbart.

Alla mina tidigare äventyr hade jag kommit ifrån utan större skador, men denna gången såg det mörkt och synnerligen hotande ut. I den disiga väderleken skulle vi vara svåra att upptäcka, och att vi av den lätta brisen drevos från land, gjorde det även svårare för ett öga att sikta oss. Strömmarna runt Englands kuster äro emellertid starka och oberäkneliga, så vart vi skulle driva var icke så lätt att avgöra på förhand. Men om vi kommo längre ut från kusten och trafiken, skulle vi icke svälta ihjäl, ty innan denna fara blev aktuell, voro nog alla på flotten frusna till döds samt de i vattnet långt tidigare borta.

Kaptenen ansåg dock som troligt, att vi snart skulle upptäckas, eftersom vi endast voro tre eller fyra sjömil utanför pirarna till Sunderland. Av pirarna sågo vi emellertid intet. Bland de många bekymrens antal må också nämnas det snart väntade mörkret. Ingenting kan skada en nödställd mer än detta. "Du", sade Carl-Odd, som även befann sig bland oss på flotten, "där driver din kappsäck omkring". Men varken denna eller något annat jordiskt

intresserade mig. Här gällde det i ännu högre grad än tidigare
LIV ELLER DÖD.

Glädjens överraskning bland oss kan ej beskrivas, när efter c:a
endast 15 minuters spejande runt horisonten icke mindre än fyra
rökpelare upptäcktes på samma gång. Röken var från fyra engelska
jagare, vilka med full fart kommo rätt mot oss. Engelsmännen,
som hört explosionen i Sunderlands hamn, hade anat vad den or-
sakats av och kommo för att rädda, om nu något fanns kvar att
rädda. Det var alltså det vackra vädret, som gjort "smällen" hörbar
denna relativt långa distans. Detta räddade även liven på återståen-
de delen av Elfis besättning.

En av jagarna kom i närheten av oss, de andra tre gingo i cirk-
lar runt olycksplatsen släppande s.k. undervattensbomber. Dessa
ubåtsbomber var ett annat och för mig ej förut bekant dödsred-
skap; varje sådan bomb kastade efter explosionen vattenkaskader
högt i luften och skulle, sades det, oskadliggöra ubåtar på en om-
krets av c:a 500 meter.

Elfi, som hållit sig flytande med den lilla delen av fören, gav
ifrån sig en liten "suck" och försvann. Att ångaren hållit sig med
"näsan" ovan vattnet nära en halv timma efter olyckan berodde
antagligen på myckenhet av luft i det oskadade förskeppet eller
kanske på mitt förra antagande, att hon tangerade botten med
akterändan.

Elfi är för alltid borta, och nu övergår jag till jagarna och då i
första hand till den, som stoppade och sjösatte ett par livbåtar. Vi
blevo upptagna, under det att jagaren med hög fart körde runt
olycksplatsen några varv. Vi förstodo snart denna manöver, han
ville icke ligga stilla och vara måltavla för tyska ubåtstorpeder. Tys-
karna voro fräcka, osynliga och mycket, mycket närgångna; även
om det regnade ubåtsbomber, förefanns alltid risken att bliva
"harpunerad". Detta och mycket annat hade engelsmännen er-
farenhet av.

Efter en stund voro vi emellertid alla upplockade, och då stannade
åter jagaren, som vi äntrade mer eller mindre "duvna" och förskräckta.
Eldaren piggade på sig efter ett par dagars sjukhusvistelse.

Vi hade ju stor anledning att glädjas över den hastiga bärgningen, men den glädjen dämpades betydligt av sorgen över våra sex omkomna skeppskamrater. Förutom vännen Pedersen voro båda maskinisterna och tre eldare borta. En av de maskinisterna var han som sagt till styrman att han kunde förlora sin shilling om han inte tog emot den med detsamma. En av eldarna var hemmahörande i Berviken i Luleå samt påmönstrad i Cardiff samtidigt som jag.

På jagaren fingo vi torra kläder och den allra bästa vård, men det tysta trycket ville trots detta ej försvinna. En av kamraterna började dock att kritisera Elfi eller rättare dess rederi, för att fartyget ej hade norska flaggor målade på sidorna. Men då föll jag in, protesterade och påpekade fallet Jarl. Där hade vi målade flaggor på sidorna, liknande på luckpressenningarna och dessutom en svensk flagg på stången akter, men vad hjälpte väl allt detta? Vi "åkte" lika lekande lätt. Nej, Elfi hade en norsk flagga akter, och detta var mer än nog, eftersom ingen hänsyn togs till neutral eller icke neutral sådan. Nu var det krig på liv och död mellan några stora makter, och vi stackars sjömän hade råkat få det mindre angenäma jobbet att tjänstgöra som buffertar.

Skepparen satt böjd, han såg blek och tankfull ut, när han vände sig till mig och började prata. Han undrade bland annat var jag hörde hemma i Sverige. Då jag omtalade, att min vagga stått på Malmön i Bohuslän, blev han mera pratsam. Anledningen var ett minne från en stormig höstnatt år 1912, då han var nära att förlora sitt liv för första gången. Han berättade för mig och för återstoden av Elfis besättning, som satt, hel- eller halvlåg i jagarens gunrum, om huru de i rykande orkan med en skuta klarade sig in mellan Malmön och Lilla Kornö. Det måste ha varit en riskfull natt, innan ankarna kommo i botten strax ost om nuvarande Svensholmens fyr, ty jag vet, hur det ser ut i en västlig storm utanför Malmön och Kornöarna. Grundbrott intill grundbrott och största avståndet dem emellan är högst 500 meter. I storm ter sig alla dessa grundbrott som ett enda, och det är absolut ofattbart, hur ett fartyg i nattens mörker kan klara sig in mellan alla dessa kokande krafter. "Med döden i vitögat", fortsatte emellertid kaptenen, "seglade vi emellertid in och klarade både oss och skutan. Hade vi icke seglat utan drivit in mellan brottena, skulle vi nog alla ha slutat våra dagar på eller i omedelbar närhet av din barndoms ö."

Kaptenen fick en glimt i ögat, när han tänkte på att de denna omtalade natt, havets rasande element till trots, klarade sig. Den gode befälhavaren sade icke, men ville likväl ha fram, att i oväder och nära nog under vilka förhållanden som helst kan sjömannen med erfarenhet klara sig. Men han går dock bet, när sådana otyg, som det Elfi nyss råkat, komma. Här gingo sex man bort i vackert väder, och utan att någon erfaren sjöman kunde göra ett skvatt.

"Minns Du vår skuta den där gången 1912", frågade skepparen mig.

"Jag minns icke bara den vackra vitmålade barken utan även den orkanartade natten och allt prat om huru ni hade kunnat komma in till Svensholmen och ankrat. Det senare ansågs som ett rent under. Förresten skall jag tala om för kapten, att samma natt ankrade utanför och något syd om Kornöarna en rysk tremast-skonare. Denna, som ej lyckades att komma i lä av land, låg, innan stormen bedarrade, i en farlig fälla. Ankarkättingarna höllo emellertid, och det slutade även lyckligt för ryssen, som senare in-bogserades till Lysekil."

Vi voro alltså överens om, att denna stormnatt 1912 var svår, men vi voro även överens om, att det liksom lättade på våra tunga sinnen med litet prat. Skepparen såg emellertid fortfarande lika tankfull ut, och vad värre var, han verkade mycket, mycket bitter. Det senare hade det obehaget med sig, att även vi smittades av denna bitterhet, icke bara mot de krigförande utan mot hela den civiliserade världen, som tillät, att människoliv förkortades på det-ta sätt.

Då jag som sagt märkte, att skepparen icke var ohågad att prata, passade jag på att fråga honom om, vad han trodde det var, som förorsakade Elfis undergång. "Å, det kan nu icke bevisas, styrmannen och jag höllo båda god utkik men sågo trots detta ingenting ovanligt före explosionen. Man kan endast säga med bestämdhet, att Elfi sjönk efter en min- eller torpedexplosion", slutade den nedstämde mannen, som genom olyckan förlorat sitt fartyg och sitt jobb.

Min rent personliga åsikt var är att fartyget kom in mellan tvenne hopkopplade minor, som exploderade samtidigt. Jag tänker då på den kolossala förödelse "smällen" åstadkom på fartyget. Är det för övrigt möjligt, att endast en mina eller en torped kan så till den grad riva upp hela akterskeppet på ett kraftigt byggt och nära tvåtusen tons fartyg? De tyska marinmyndigheterna skulle numera kunna ge svar på frågan, ty deras ubåtar noterade säkerligen tider och positioner vid alla av dem företagna fartygssänkningar. Allt detta naturligtvis under förutsättning att icke ubåten själv före hemkomsten till Tyskland bangade på någon mina och hamnade på Nordsjöns skepps- och sjömansbeströdda botten, sida vid sida av tidigare "ihjälbitna" handelsfartyg.

För att nu återigen återkomma till jagaren, så hade denna börjat en mera lugn gång efter allt "snurrandet" och efter alla maskinmanövrar på olycksplatsen. Den var nu, meddelades det, på väg till Sunderland, där vi hoppades att bliva landsatta. Carl-Odd satt i en hörna och såg betänksam ut. Var det månne de bortgångna kamraternas och Elfis sorgliga öde, eller var det flickan i Cardiff, som orsakade detta? Han svarade, att båda voro i hans tankar, men dessutom tänkte han och undrade, om han skulle få nöjet av mitt sällskap till Cardiff. "Du har även intressen att bevaka i den staden, och säkerligen skola vi som vanligt ha trevligt tillsammans". "Nej, min käre Carl-Odd, denna gången skall jag resa över till Sverige eller Norge och kvitta både Englands flickor och dess mer eller mindre explosiva farvatten." Han såg frågande ut, den gode Carl-Odd, och hans stora ögon voro större än vanligt, det sista var kanske ej att undra på. Flera av jagarens besättning stodo till vårt förfogande, och sprit serverades i huru stora kvantiteter som helst; dessa engelsmän kunde vara förekommande, bara de ville.

När jag ett par timmar tagit gunrummets värme i anspråk och mina något frusna lemmar tinat upp, gjorde jag som nyfiken sjöman en titt upp genom kappen.

Det var mycket mörkt ute, och jagaren hade släckta lanternor och gick framåt synnerligen sakta. Tänk, i alla fall, vad det känns behagligt att trampa ett säkert däck och att i nattens mörker ha skydd över huvudet samt mat och dryck i överflöd. Hade icke våra räddare kommit, skulle vi ej haft något av allt detta utan kanske varit borta alla. Ett liv slocknar ganska lätt på havet i februari månad. Blotta tanken att räddningen icke skulle kommit före mörkrets inbrott, höll ju på att göra oss förtvivlade, hurudan skulle då ej natten ha blivit? Min hjärna arbetade. Den påminde mig om, hur härligt livet ändock är att leva, men den påminde också om, hur snubblande nära jag varit evigheten flera gånger och kanske vid ännu flera icke kända tillfällen.

Med livet i behåll och inga andra kroppsskador än de jag ådrog mig vid första skottet hemma på Malmön, borde jag naturligtvis efter detta resa hem till Mor. Med dessa krysslagda betänkligheter lämnade jag den kolsvarta och spökliknande natten och gick ned i gunrummet.

"Såg Du något", frågade skepparen vid min återkomst från däcket. "Nej, ingenting särskilt, kapten, endast mörka natten och mörka figurer klara vid torpeder och kanoner. Jagarn landar oss troligen ej, förrän det dagas, kapten; fyrar och även andra ljus iland äro ju släckta, alltså mörkt både för vän och ovän"

Elfis befälhavare, kapten Lars S. Jenssen från Oslo, tog fram sin plånbok och radade han upp en hel del pundsnoter på bordet. Vi trodde först, att dessa skulle torkas, eftersom de voro mer eller mindre våta, men han uppmanade några av jagarebesättningen att ta' hand om de framlagda sedlarna. Skepparen ville tydligen ersätta våra räddare för ett gott utfört arbete. En av engelsmännen blev emellertid "stött i kanten" och protesterade på skarpen samt framhöll, att de gärna räddade människoliv men dock icke mot kontantbetalning.

Ingen av jagarebesättningen rörde heller sedlarna, utan dessa kvarlågo på bordet, när vi något senare, trots släckta fyrar, anlände till Sunderland och lämnade jagaren.

Från våra i mitt minne tacksamt bevarade räddare åkte vi,

större delen av oss klädda i engelska marinkläder, till närmaste polisstation och anvisades nattlogi. Man sover knappast omedelbart efter en sådan olycka, men tillsammans med tankarna är det alltid skönt att vila.

Dagen efter blevo vi fullt ekiperade, och dessutom fingo vi 100 kronor extra vardera att roa oss på eller att användas efter eget gottfinnande. Hannevig i Oslo, som var fartygets redare, var tydligen icke mot sitt sjöfolk någon snålvarg. Vid många tillfällen senare har jag tänkt på dessa pengar. Att de mycket uppskattades och användes på rätt sätt behöver jag knappast påpeka. All heder och tack till en sådan arbetsgivare, även till skepparen, som troligen låg bakom och var den drivande kraften.

Ytterligare bekom jag 500 kronor som ersättning för förlorade effekter, men trots detta grämer jag mig än idag över det snöpliga slut, som min kappsäck och min skräddarsydda kostym fingo. Allt som allt utfick jag således 600 kronor efter Elfis undergång. Även om pengar aldrig varit min "Gud", reflekterar man i alla fall, då det gäller sådana. För s/s Jarls undergång utbetalades till mig futtiga 200 kronor efter effektförteckningen, som löd på 450 kronor, och denna var då lågt tilltagen. Från Elfi erhöll jag det tredubbla i ersättning, och detta utan långa förklaringar och utan förteckning på vad som förlorats. Pengar har jag i regel betraktat som ett nödtvunget ont, något som "kan vara bra att ha". Man måste dock inse, att något fel föreligger, då ena fartyget utbetalar 600 kronor och det andra endast 200 kronor. Kan verkligen pengar ha så olika värde på olika sidor av "kölen", eller voro de norska redarna och norska statsmakterna hyggligare mot sitt under kriget seglande sjöfolk?

Ekiperingsdagens eftermiddag, med andra ord den 8 febr. 1918, infann jag mig tafatt och blyg på Sunderlands Kungl. Svenska Konsulat för att erhålla ett nytt svenskt pass, eftersom det förra gått förlorat tillsammans med mina övriga ägodelar. Konsuln, en till åren kommen herre, frågade endast och mycket artigt, om jag någon gång förut varit i Sunderland. Frågan besvarades jakande, vi hade ju två år tidigare legat här med briggen Zaima under luftbombardemanget, då vi alla voro så rädda. När konsuln fann mitt namn från förra besöket, skrev han ut ett nytt svenskt pass efter de då gjorda anteckningarna. Det nya passet erhöll nummer 1310 och var fullt komplett med undantag av fotografiet. Då konsuln frågade efter ett sådant, anhöll jag att få vänta med detta till nästa dag, då jag beräknade att vara i Newcastle. Han beviljade denna anhållan men poängterade, att jag i Newcastle icke skulle glömma de för mig så viktiga stämplarna på fotot. Rörande eniga om att det var svåra tider för oss sjöfolk togo vi farväl av varandra, samt hoppades att fotostämplingen skulle ordna sig vid framkomsten.

Att anskaffa foton och ett nytt polispass voro mina första jobb efter ankomsten till Newcastle, och jag får tillägga, att detta lyckades synnerligen lätt, eftersom polisen alltid var något humanare, strax efter man varit med om en sjökrigsolycka. Däremot lyckades jag icke så lätt med den lilla stämplingen av det svenska passfotot. Det är en liten episod i mitt liv, som jag nu så sanningsenligt som möjligt skall försöka återge. Jag började undra om alla äro hämndlystna egoister, som med nöje trampar åtkomliga medmänniskor under sina fötter. En skall hämnas på ett sätt, och en annan skall göra samma sak, fast på ett "finare" sätt. Mannen på Kungl. Svenska Konsulatet i Sunderland var kanske ett undantag, tyst, försynt och mänskligt tog han emot mig – en skansens representant – med största högaktning. Bakom dennes vänlighet kunde knappast ligga något egennyttigt, han var helt enkelt född med vanligt bondförstånd och som given lämplig representant för ett land. En sådan får ej titta på, om den besökandes naglar äro blankpolerade eller ej.

Nu hade jag emellertid med ett strålande hemresehumör hunnit till Svenska Konsulatets trappa i Newcastle, och där innanför hade jag den svenske demokratiske representanten. På kungl. institutioner måste man vara artig, och detta gäller särskilt på konsulat, där många gånger mycket höga herrar ha sina förrättningar.

Som sagt, bittert var ej sinnet, när jag kom, men så var det i mycket hög grad, när jag gick.

Jag hade troligen en sabla otur. Mannen, som jag träffade var antagligen konsulns ställföreträdares ställföreträdare. Han visade i både ord och handling, att en "simpel sjöman" är mindre än ingenting. Det högsta värde en sådan kunde uppnå i "konsulns" ögon var antagligen noll, dock kom jag ej upp i denna höga klass. På min vänliga förfrågan om stämpling av mitt passkort, gav han efter lång betänketid och med en förnäm rynkning på näsan utlåtandet, att jag strängt taget kunde vara "vem som helst". Jag påpekade, att polisen i Newcastle redan stämplat fotot på polispasset utan några anmärkningar, och att det framgick av detta, att jag var en fullt hederlig. Vidare visade jag på de av konsuln i Sunderland på passet gjorda anteckningarna. Det skulle säkerligen, om viljan varit god, varit en enkel sak att medelst ett telefonsamtal till konsulatet i Sunderland få full klarhet i de delar, där min person ansågs "mystisk".

Alla mina försök misslyckades emellertid, mannen med så ringa människokännedom vidhöll sitt påstående, att jag kunde vara "vem som helst". Efter att ytterligare ha funderat en stund sköt han med en gest, betydligt förnämare än den tidigare omtalade näsrynkningen, alla mina papper åt sidan.

Där inkom nämligen en svensk sjökapten på konsulatets expedition. Den nytillkomne var välklädd och verkade mycket sympatisk, han skakade hand med konsulns ställföreträdares ställföreträdare; den senare undrade utan näsrynkningar vad han kunde stå till tjänst med. Med hastigt växande humör såg jag all denna vänlighet och konstaterade snabbt, att den sist inkomne hade annan ställning här i världen än den med caps anlände sjömannen.

Mitt sinne rann över vid åsynen av den klibbiga knodden och all den artighet, denne kunde lägga i dagen mot en socialt högre stående person. Jag röt till, så de i rummet hängande och med glas och ram försedda storgubbarna skramlade av bara ekot. "Hör nu, "konsuln", ropade jag. "Ni är absolut icke anställd på detta konsulat för att lägga i dagen en sådan absolut partiskhet, Ni är här för att betjäna både befäl och manskap, dock icke i rangordning utan i tur och ordning. Den hemresa, som jag tänkt mig, offrar jag för att ha det stora nöjet att bedja Eder fara åt det väderstreck, dit inga järnvägar gå. Ni kommer alltid att vara knodden i mina ögon och boven i mitt minne". Bang. Dörren åkte igen framför näsan på den med thesilsliknande ögon försedde "konsuln", och jag försvann i stadens vimmel med mitt ostämplade pass och med manschettarbetarens trumpet förnäma uppsyn som en skugga

För honom, som stod där bakom expeditionsdisken, kunde jag naturligtvis icke mot hans vilja bevisa, vem jag var men borde ha framhållit, att det endast fanns en sjöman Carl-Otto Claesson från Malmön i Bohuslän, att denne sjöman deltagit i att från Påskön hemföra en fransk och en engelsk besättning, torpederats en gång utan föregående varning, sprängts i luften en annan gång utan föregående varning, bombarderats från luften en gång, hört tyska kanonkulor vina framför stäven en gång, kapats tre gånger, kämpat i s/s Jarls styrbords livbåt för att klara eget liv, och kämpat i s/s Danas styrbordslivbåt att klara andras liv samt simmat i Nordsjöns kalla vatten och där avprovat en flotte från s/s Elfi.

Nej, jag Carl-Otto Claesson kunde icke godtaga misstanken att vara "vem som helst". Några timmar efter intermezzot på Kung. Svenska Konsulatet i Newcastle rullade jag med mitt ännu ej stämplade pass som sällskap ned till Sunderland och den ovanligt vänlige svenske konsuln. Efter det jag för konsuln förklarat mitt misslyckade passtämplingsförsök i Newcastle, fattade den i tysthet arbetande och fortfarande lika vänliga mannen sin stämpel samt "högg" med denna en gång i varje hörna av kortet, och alla för mig tillfälliga bekymmer försvunno. Jag var åter svenskstämplad sjöman. På nåra sekunder voro både jag och mitt pass i fullgott skick.

Till mannen bakom disken i Newcastle vill jag endast säga, att man lyckas alltid bäst med korrekt uppträdande och full rättvisa, och till mig själv vill jag säga: Varför hårda ord? Ingen blir av dem bättre utan snarare tvärtom. Med vänlighet kommer man utan tvivel längst i livets allvarliga lek.

Redan denna kväll återvände jag till Newcastle och sammanträffade med min vän Carl-Odd. Jag bestämde mig för att resa med honom till Cardiff och övergav alltså min tilltänkta hemresa. Det var svårt att anskaffa biljett hem, men jag var även rädd för att den "vänlige" konsulattjänstemannen skulle hämnas, och frånsett detta hade jag fått brev från flickan i Cardiff. Hon skrev, att jag var mycket, mycket välkommen i Carl-Odds sällskap. Denne hade förresten redan dagen efter olyckan telegraferat sin fästmö, och detta var anledningen till att vi så snart kunde få brev med välkomsthälsningar.

Den 12 febr. på kvällen lämnade vi Newcastle med tåg, och dagen efter voro vi framme i Cardiff och trampade åter dess välkända gator. Vi hade en förnimmelse av, att liksom hörde vi hemma här. Sjömannens hemliv började också som vanligt med kvinnor vin och sång i den angenäma medelpunkten. Min nettobehållning var c:a 20 pund vid ankomsten till staden, och av dessa ansåg jag mig vara i full rätt att "spänna" två per dygn.

Ett sorgefritt liv kunde således föras i hela 10 dygn på mitt i någon mån oroliga kapital. Det var som vanligt inget nöje och ingen nytta att sätta slantarna på ett säkert ställe, så länge man ej själv var säker till livet. Men den, som var säker som alltid, var den förut omtalade juden. Han var dagligen i sitt schapp nedanför skandinaviska sjömanshemmet, han gjorde affärer med sjöfolk, han blev av detta mera välmående för varje dag, hans döttrar blevo vackrare och vackrare, hans anseende som kapitalist växte och blev allt större och större. Juden var liksom alla av hans släkt en god affärsman och därtill en mycket trevlig kurre.

Något av större vikt inträffade icke under denna Cardiffvistelse, men en händelse påminner jag mig emellertid, och den rör Prinsen av Wales. En dag trängdes jag mellan en massa människor för att titta på den populäre mannen. Han var avhållen av alla, och icke minst stod han högt i kurs hos Wales kol- och hamnarbetare. Dessa hurrade, alla hurrade, och t.o.m. jag, som var utomstående, greps av den allmänna yrseln och ropade leve, när han passerade. Mot det arbetande folket visade han alltid ett gott hjärta, men var dock långt ifrån den rätta för dem. Hans medgångar i ungdomen voro allt för stora för att dana en verklig karaktär.

För första gången var jag under detta uppehåll hemma i "min" flickas föräldrarhem. Carl-Odd och hans fästmö voro där samtidigt, och vi hade en riktigt trevlig fest-, sång- och musikafton. Precis när jag stod i begrepp att pussa min flicka adjö, knackade det på dörren. Vi öppnade och funno utanför några handfasta manspersoner. Flickebarnet var insatt i vad saken gällde. Hon såg ej det minsta förvånad ut. För min egen del var situationen solklar: Mannarna voro helt säkert en straffexpedition, som skulle taga dödlig hämnd på oss två närvarande och med de vanliga dåliga permissionssamvetena försedda utländska medborgarna. Det allvarliga läget rättade dock till sig, när de besökande meddelade, att de hade order att avhämta ett förhyrt piano.

Flickan öppnade dörrarna, och iväg bar det med både gubbarna och den vackra möbeln. Denna gången och än idag är jag som ett frågetecken beträffande denna nattliga pianoaffär. Var det månne vanligt att hyra pianon på detta sätt i England eller var det kanske endast en av de många egendomliga krigstidsföreteelserna?

På förmiddagen den 24 febr. satt berättaren vid en bardisk tillsammans med några kollegor samt inmundigade en för våra strupar lämplig drink. Någon ropade härvid "Hallå Claes", och jag , som ofta kallades vid detta namn, lyssnade. Mannen var en gammal bekant. Han var förste maskinist på ångaren Dana under min tid där, och eftersom jag ombord i detta fartyg haft nöjet att segla midskepps, voro vi så att säga skeppskamrater.

Även maskinistens barbesök gällde en god och "stärkande" förmiddagsdrink. Vi skålade med varandra och kommo snart nog underfund med, att upplevelserna från s/s Dana icke kunde slutdiskuteras vid en bardisk, varför vi förflyttade oss in i ett innanför baren liggande rum. Tyvärr har jag glömt namnet på denne bredaxlade, levnadsglade och alltid skrattande maskinist. Han tog livet lätt som alla under detta krig. På krogarna vid ett glas försökte han glömma den tysta rädsla, som fanns inom honom och inom alla, som runt Englands kuster förtjänade sitt uppehälle. Ångaren Dana hade han lämnat och var anställd som förste maskinist på s/s Adine från Oslo. Denna ångare var gammal men betydligt större än Dana. När vi pratat slut på gemensamma minnen, kommo vi som vanligt på dessa barsammanträden in på de sista av oss igenkända och av någon krigsorsak förintade fartyg. I detta sorgliga fallet gällde det norska ångaren "Ulabrands " sänkning i Irländska sjöns norra del, varvid icke mindre än 13 man av besättningen försvunno. "Ulabrand" var på resa från Rouen till Glasgow, då den mitt i nattens mörker endast ett stenkast från land mötte sitt öde. Livbåtarna sprängdes sönder eller hade ej hunnit att sjösättas, och de överlevande räddade sig på en flotte. Min Elfi- och denna Ulabrands-olycka voro ganska snarlika, dock hade vi haft den stora förmånen av full dager, under det att de på den nu bortgångna ångaren hade nattens stora nackdelar. "Nätterna äro alltid förskräckliga", sade maskinisten, "de, som söka rov, se visserligen ej så bra, men samma sak gäller även för dessa, som råka ut för någon olycka vid denna tid." Nåja, att rädslan var större om natten, när det gällde livhanken, hade jag ju själv konstaterat, och när nu maskinisten led av samma känsla, behövde jag ej skämmas.

"Jag tror", fortsatte maskinisten, "att min nuvarande ångare skulle passa Claes. Vi har en knakande bra skeppare, som det enbart är trevligt att segla med, Han sade idag på morgonen, att han skulle skaffa ett par matroser. Har Ni lust, så gör mig sällskap till Adine, jag skall ordna det hela, om vi nu bara komma i tid." "Ja, varför icke", tänkte jag, Sällan betänker sig en sjöman länge, och ett par minuter efter maskinisten kommit med detta förslag, vandrade han och jag mot dockorna och den omtalade ångaren. Då vi siktade det gamla svartmålade skrovet, blev jag emellertid betänksam, men när jag träffade Adines hurtige befälhavare, Kapten Kristian Sörensen från Arendal, var jag icke längre tveksam. Han var en äkta nordisk sjömanstyp. Efter en stunds resonemang antog han mig som matros och lovade mig alla de förmåner, som den påmönstrade norska besättningen var garanterad enligt lag.

s/s Adine – vi torpederas och förmanas av ubåtskapten

Adine var byggd engelsman och hade i yngre dagar seglat på Fjärran östern. På ålderns dagar voro dessa resor alltför långa, och den nuvarande "Herren" till Adine hade degraderat fartyget till kolångare. Som sådan var den god nog, och ägaren, "Kula-Paulsen" i Oslo, var säkerligen nöjd med sitt fartyg. Bogsprötet och den framträdande klipperstäven skvallrade tydligt om Adines svunna storhetsdagar. Jag tyckte mig riktigt kunna se, huru den under sina glansdagar, finputsad och grann kom hem till England från en av dessa långa resor. Liksom jag alltid hyst stor aktning och vördnad för äldre människor, blev fallet nu detsamma med Adine. Jag fann mig dragen till den gamla ångaren, jag tyckte synd om den, därför den varit "ung och skön" men åldrats och blivit omodern. Ett vänligt bemötande från alla av Adines befäl bidrog även att höja den ålderstigna ångarens populära anseende bland oss grabbar i skansen.

När jag börjat jobba ombord i Adine, fick den engelska polisen åter tillfälle att visa sin maktbegärliga "vänlighet". De stämplade i mitt pass, att jag hade rätt till landpermission mellan 8 fm. och 8 em. Det fanns ingen gräns för deras "artighet" mot oss sjömän.

Permissionstiden sammanföll praktiskt taget med vår arbetstid, Över det hela låg något av syskonen Petri välvilja och omtanke.

Dagen före avgång tog jag ett ömt farväl av "flickan" och skildes både från henne och Carl-Odd för alltid. Genomhederliga voro de, och jag hoppas, att båda ha det bra. Avgångsdagen kom, och på förmiddagen denna dag gick jag, klädd i mitt enda blåställ, upp till järnvägsstationen och skickade mina övriga kläder till Shields, dit vi efter en resa till Frankrike skulle gå. Att en mig tillhörig kappsäck gjort samma resa men förolyckats gav adresslappen till Shields dålig klang, men nu hoppades jag, att lyckan skulle vara bättre. Det är ganska märkvärdigt med oss sjöfolk; vi kunna lära oss att tycka om en kust, ett fartyg, en flicka, men omvänt kan också hatets glöd tändas, som med mig och Englands östra kust.

Under min promenad från järnvägsstationen till s/s Adine passerade jag återigen den alltid leende juden. Han stod i dörren till sitt shapp och undrade under vanlig artighetsbetygelse, om det inte var något jag behövde i ekiperingsväg. Nåja, varför inte gynna denna gemytliga jude och hans affär med ett par sjöstövlar? Jag hade ju tidigare gjort många affärer med honom och aldrig varit missnöjd. Ett par präktiga och varma stövlar rekommenderade mannen särskilt, och dessa benplagg blevo snart mina. Efter att ha knopat tillsammans mitt nyförvärv kastade jag det över axeln, betalade och gick. Dockorna och Adine voro det slutliga målet.

Några timmar efter ombordkomsten tippades den sista kolvagnen in, och med sina 5000 ombordtagna ton var Adine betydligt nedtryckt. Frampå eftermiddagen voro vi fullt sjöklara och tillräckligt utrustade, när vi med lots ombord "ålade" oss ut genom de dockportar, som äro avsedda för fartyg och icke strängt polisbevakade. Att komma ut och bort utan nödlögner var i alla fall en viss frihetskänsla för oss fria Nordens söner. Strax utanför pirarna lämnades lotsen, och vi plöjde åter den bölja, som i berättelser alltför ofta kallas BLÅ.

Adine "neg" snart i den västliga dyningen, som i regel rullar in i Bristolkanalen, men tyvärr ej tillräckligt för att vi grabbar skulle slippa att spola däcken. Nej, slangar och kvastar vill det till för att bli av med all den kollort, som vid kollaster smyger sig ombord i engelska hamnar. Tillfället var således lämpligt att avprova mina nyförvärvade läderstövlar, som inom parentes sagt var allt "löst" jag hade ombord, om tandborsten icke medräknades.

För att nu återgå till stövlarna, så passade den högra mig lika utmärkt som vid provningen hos juden, men fallet var tyvärr ej detsamma med den vänstra och icke förut provade. Även den senare befanns nämligen tillhöra höger ben. Min vrede blossade upp mot juden. Han blev helt enkelt misstänkt för bedrägligt förfarande. Här, vid spolning av däck, fick jag klara jobbet i mina enda lågskor. En av pojkarna försökte att lugna mitt upprörda sinne;

han påpekade, att juden kanske själv blivit lika mycket lurad på affären, och att det hela säkerligen var ett beklagligt misstag.

Stövelaffären har jag själv aldrig lyckats utreda men hoppas, att juden var gentleman och satt med två överblivna vänsterstövlar i Cardiff, minst lika förbenad som jag. Då däcksspolningen var över, lånade jag ett par torra varefter jag åter kände mig varm och väl till mods.

Kvällsmaten intogs, och vakter sattes, varvid jag dock hade oturen att få stå till 12 midnatt. När jag kom upp på bryggan för att ta' min första rortörn på detta fartyg, var skepparen själv närvarande, han vankade fram och åter, som vi sjömän för sed hava.

Fartygets ålder har jag redan påpekat, men jag måste dessutom även tala litet om en sak i utrustningen. Styrmaskinen förde ett öronbedövande väsen, den svettades av utläckande ånga och den pustade av ålderdomssvaghet. I början av min första rortörn, var jag ganska rädd, ty jag befarade, att någon lossryckt maskindel skulle "klappa" mig i skallen. Efter att ha betänkt mig ett slag, framförde jag mina farhågor till kaptenen beträffande maskinen. Jag sade, att jag på grund av rädsla och oljudet knappast vågade röra vid ratten. Något retad upplyste emellertid Kapten Sörensen mig, att styrmaskinen var i ett utmärkt skick och att jag skulle intressera mig mindre för den och mera för det jobb, jag blivit satt att sköta.

"Håll nu," sade han, "fyren på Lundy, som är tänd, något om babord, och efter Ni haft en rortörn, är Ni van vid båten, styrmaskinen och dess oväsen". Jag teg, samtyckte och blev snart van.

Adine hade liksom mina tre föregående båtar inga flaggor målade på sidorna, utvisande att vi voro neutrala. Skepparen menade, att sådana flaggor endast ökade de tyska ubåtarnas träffsäkerhet. Det enda, som i någon mån kunde skydda oss handelsfartyg voro kanoner, och med sådana hade både engelsmän och fransmän försett sina handelsfartyg.

Det var inte utan, att vi många gånger ansågo oss missgynnade och önskade, att även vi hade haft något att försvara oss med. Oss neutrala och icke bestyckade handelsfartyg "bollade" tyskarna ofta och gärna med. En ronda med oss var ju i alla avseenden ofarlig. Bestyckade engelska och franska handelsfartyg hade vi icke sällan stor nytta av, det var en viss säkerhet att ha sådana långsidan, som kunde skjuta vid ett eventuellt överfall. Vår nu pågående resa fortsatte emellertid normalt. Visserligen sågo vi en eller ett par båtar, som exploderat och blivit satta iland på engelska kusten, men detta togo vi ej så allvarligt, det gällde ju icke oss.

Några dagar efter vi lämnat Cardiff passerades Le Havre lyckligt, och därefter fortsattes resan lika säkert som vanligt genom Seine till Rouen. Huru många gånger senare har jag icke önskat att kunna göra en sådan resa upp eller nedför denna flod och uppliva gamla minnen från det stora krigets orosdagar. Alla mina önskningar kunna dock icke gå i uppfyllelse.

Frankrike, det kära landet, som under kriget hade överseende med mig och tusentals andra sjömän, glömmer man inte så lätt. Vi hade där roat oss utan röda stämplar i passen, och vi hade där kunnat i viss mån trotsa order utan större efterräkningar eller bötesstraff. Frankrike var utan tvivel nummer ett för oss under kriget, därefter kom Tyskland och som mycket dålig trea England.

Gamla goda England, res på Dig och sträck alla väldens sjömän Din hand! Det är icke bara Ditt eget lands sjömän, Du vördsamt skall tacka. Skandinaver, holländare, svarta och gula, alla ha givit Dig ett handtag. England, bliv mild mot Ditt eget sjöfolk och rättvis mot alla, som kommit inom gränserna av Ditt stora land. Tänk bara på vad sjömännen gjort för Dig och döm dem därefter och icke efter polisuppkomlingars hjärnor. Du skall då åter högaktas.

När vi med s/s Adine anlände till Rouen, förtöjde vi icke vid den kaj, jag tidigare varit van att ligga vid utan vid en västligare kajplats. Det spelar dock mindre roll för en ung och levnadsglad sjöman, vägen till nöjen hittas. Både Rouen och de tyska stuveri-krigsfångarna voro sig lika.

Apropå de senare, så var det en skandinavisk sjöman, som bar sig en aning dumt åt. Han knyckte under ovanligt glad sinnesstämning en av de omtalade fångarnas runda mössor och ville bevisa, hur lätt det var för dessa att rymma, om de hade lust.

Hela "rymningsförsöket" slutade lyckligt för mannen, men hade den beväpnade fångvaktaren gjort sin plikt, skulle döden ha varit en direkt följd av detta barnsliga upptåg.

Efter några dagar i Rouen stävade Adine åter nedför floden i barlast. Humöret var icke det allra bästa, pengarna voro slut, och tät tjocka mötte oss strax efter avgång. Flera ankringar med åtföljande styvt arbete fingo vi på halsen, innan den "lyckliga" ankomsten till Le Havre redd. Här måste vi invänta och därefter förena oss med en konvoj, som först avgick dagen efter. Franska landet till Boulogne följdes, och därefter gingo vi över kanalen till Dover. Härifrån fortsatte vi utan konvoj men med hjälp av minlots. Vi hunno dock icke längre under dennes ledning än till mynningen av Themsen, där vi åter på grund av tjocka måste lägga av ankaret.

Tjockan varade i flera dagar men lättade ibland en liten aning till vår stora förargelse, ty vi fingo då arbeta med ankarlättningar fullständigt i onödan. Vi hunno nämligen bara att hiva upp ankaret och därefter klara att droppa det nära nog på samma ställe. Så småningom klarnade det dock på allvar, och vi togo oss fram i närheten av fyren Cromer, där skepparen åter lade av draggen men nu endast för att tänka. Skepparen var troligen icke säker på, om han skulle fortsätta resan utan konvoj eller invänta sådan. På förfrågan till lotsen om hans åsikt, svarade denne: "Ni är kapten, och som lots kan jag aldrig tillråda Eder att ligga stilla under klart och vackert väder, en konvoj är kanske säkrare, men i mörker kunna vi också klara den återstående delen av resan på egen hand".

Skepparen var nöjd med svaret, men så var icke fallet med mig, där jag stod och lyssnade till samtalet. Kapten Sörensen, erkänn, vi borde allt ha inväntat konvoj eller hur? Dock måste framhållas, att livet stod nästan lika mycket på spel under ankars och med släckta lanternor, som det gjorde med släckta sådana under gång. I mörker och under gång siktade man icke en enda reglementsenlig lanterna vid denna tidpunkt, men väl och mycket ofta mörka fartygssiluetter, som man måste akta sig för. För min egen del slöade jag aldrig på utkik. Jag visste, att vid en kollision i de flesta fall förskeppen lida skada, och i detta sovo ju här ombord alla mina skeppskamrater. Inga ljus fingo visas på däck och all "utomhusrökning" nattetid var strängeligen förbjuden. Alla hytt och skansventiler voro svartmålade och stängda under gång i mörker samt dessutom täckta från insidan med dubbel presenningsduk. När kompassen var tänd och användes, avskärmades den på så sätt, att rormannen endast kunde se styrstrecket och den kurs, som skulle hållas. Samtliga signallanternor voro tända, men även dessa voro täckta, dock på ett sådant sätt, att vi lätt kunde få dom att lysa klart. I mina sista fyra eller fem ångare funnos inga elektriska lanternor, och det tog allt för lång tid att tända reglementerade ljus för hand. Snart nog blev det dock en vana att smyga sig upp och ned vid Englands kuster utan lanternor. Visserligen hände många svårartade kollisioner under denna tid, men från dessa klarade jag mig, fast det var på "håret" många gånger.

Tisdagen den 12 mars på förmiddagen lämnade vi ankarplatsen vid Cromer fyr. Avsikten var att taga det sista och säkerligen farligaste "hoppet", innan vi uppnådde Shields. Vi voro vid starten något tidiga och saktade därför ned farten för att passera Flamborough Head, när det skyddande mörkret föll på.

Enbart namnet på denna fyr kunde sätta lättrörda sjömanshjärnor i "dallring", ty alla visste vi, att kuststräckan norr och söder om denna plats var den allra riskfullaste under kriget. Jag skulle därför vilja döpa vattnet utanför denna kustremsa till "Det flammande havet", därför att så många fartyg där flammade upp och försvunno. På samma kustremsa sattes fartyg ofta rätt på land, ty i den rådande ubåtsskräcken och med de släckta fyrarna voro misstag snart gjorda, även om befälet voro aldrig så försiktiga.

Ett fult rykte var dessutom i omlopp bland oss sjöfolk. Det påstods, att fyrmästaren hade haft förbindelse med tyska ubåtar. Han skulle ha givit dessa finfina rapporter. Det påstods vidare, att mannen senare upptäcktes och slutade sina dagar i galgen för sitt lumpna spioneri och förräderi

Vi ökade åter farten till full fram mot kvällen, och strax efter

10 passerades Flamborough Heads fyr på mycket nära håll. Mellan 11 och midnatt hade jag rortörn, och innan denna var slut, siktade vi de flammande skenen, som ofta synas från smältugnarna åt Middlesborough-hållet till. Då inga fyrar voro tända, låg det nära till hands, att lotsen och skepparen skulle gissa sig till en position med ledning av de omtalade skenen. Resultatet av denna gissning blev dock mycket osäkert, ty den ene ville styra närmare och den andre längre ut från kusten. Att skepparen och lotsen hade olika åsikter om avståndet till land spelade i och för sig mindre roll, men det stärkte min redan tidigare uppjagade fantasi.

När jag därför kröp till kojs klockan 12 midnatt, ville jag men kunde absolut icke sova. Man fantiserar alltid, när man känner, att livet står på spel. Just vid detta tillfälle tänkte jag på ett engelskt bevakningsfartyg, som något tidigare och något syd om vår nuvarande position stött på en mina, varvid både fartyget och dess besättning förintades. Dessutom hade jag ju själv med s/s Elfi sprängts i luften på en plats, som vi under nattens lopp måste passera. Jag hade anledning till oro och dålig sömn. I de flesta fall var visserligen icke pinan lång, det hade jag ju själv sett vid Elfiolyckan. Annorlunda var det förstås med den franska besättningen av vilka vi lyckades rädda fyra. Alla, som då omkommo, gåvo först upp efter många timmars hård kamp.

Denna natt var emellertid gynnsamt svart för oss och vi hade därtill vidtagit noggranna säkerhetsåtgärder med lanternor och ljus. Naturligtvis voro vi tvärsäkra på, att inga ubåtar kunde sikta oss och ännu mindre vi dem.

Nej, ubåtar fruktade vi icke precis denna natt, men däremot voro drivminor ett alltid och särskilt nattetid ängsligt kapitel. Om dagen kunde man många gånger se och styra undan dessa, men under mörker lät detta sig icke göra. Man rusade bara framåt med full fart och hoppades på turen. Möjligen hade jag slumrat till någon stund, där jag låg ensam med mina tankar. Jag började emellertid vid tretiden att frysa och kände, att det var synnerligen kallt i skansen.

Ångarens skakningar förkunnade tydligt, att vi gjorde rätt god fart, och att vi måste vara på grunt vatten, samt att vi antagligen närmade oss Shields med stormsteg. Faktum är, att ett fartyg blir oroligare än vanligt, när "näsan" på nära håll pekar mot angöringshamn.

Det ingick i vaktens jobb att hålla värme i skansen, men detta sköttes mycket dåligt, eftersom jag frös, eller kanske det bara kändes kallt, därför att jag icke hade en filt eller ett täcke. Mina präktiga kojkläder tog Elfi med sig till botten, och härombord hade jag ej skaffat mig denna "lyxvara". Strax efter klockan tre på morgonen steg jag upp. Min huvudkudde tog jag på mig; som sådan tjänstgjorde nämligen min livväst. Min vakt började visserligen icke före klockan 4 fm., men jag ville dessförinnan ha litet varmt i skansen genom att fyra på vår lilla "Viking".

Även vid en sådan enkel sak, som att tända vår värmekälla måste man vara försiktig. Det fick icke stå några eldkvastar upp genom röret, ty då kunde vi lätt upptäckas av spejande ögon. En titt ut genom skansdörren övertygade mig, att mörkret fortfarande och glädjande nog låg över havet och oss. På backen gick matros Gustaf Albert Andersson som utkik, bohuslänning och troligen hemmahörande på Rossö.

När klockan äntligen blivit 3:45 och "purreglaset" gick, väckte jag mina kamrater med den stora nyheten, att jag hade nykokt och särskilt gott kaffe att bjuda dem på. Dessa voro dock icke hågade att omedelbart stiga upp, de föredrogo att "dra" sig några minuter. Alla sovo med kläderna på och voro således klara t.o.m. för en luftfärd.

Tio minuter före fyra kom denna, det blev en purrningssignal, som mina vaktkamrater aldrig glömma. Kaffekannan och kaminen välte, lamporna slocknade och fartyget skakade mer än tillåtet i närheten av angöringshamn. Explosionen var en fullträff, därom rådde intet tvivel, det blev mera mörkt inne än ute. Adines nedfärd och några spännande minuter för oss hade börjat. För folket i skansarna gällde det i första hand, att komma ut, ty det är alltid dubbelt livsfarligt att vara innestängd. Av den starka vibrationen i fartygsskrovet att döma, trodde vi oss ha ränt på en mina, som exploderat under förskeppet.

Alla rusade upp ur sina kojer, och i en enda klump trevade vi oss från båda skansarna ut genom den smala gången till däcket. Väl ute kunde farten ökas betydligt, men vi hunno ej längre än till tvåans lucka, där ramlade vi alla på en tvärs över däcket spänd wire. Jag slog mig illa i fallet mot däcket. På den ena armen rev jag ett blödande jack, och i den andra "surrade" det och värkte. Då jag föll mot däcket kändes tydligt, att Adine fortfarande skakade i sin "dödsångest", och när jag åter rest på mig märktes, att fartyget började luta akteröver. Wiren var spänd mellan tvåans vinsch och ankaret och för att stötta detta, ett stockankare som hängde ute av rena maklighetsskäl.

Nu som vid alla olyckor var det nervöst, den ende, som fullt behöll fattningen, var befälhavaren. Han utdelade sina order lika kallt som vanligt, och plikten som den sjunkande ångarens befälhavare fullgjorde förtjänstfullt.

Han stod ensam kvar på midskeppsdäcket, när båtarna voro sjösatta, och med lugn stämma gav han order, att alla skulle räknas. Det befanns, att befälets mässpojk saknades, och skepparen gjorde då en hastig undersökning i midskeppsbyggnaden, där pojken hade sin hytt, och fann honom. Fast pojken var en aning vimmelkantig, fick skepparen honom upp på däck och därefter ned i styrbords livbåt, där även jag var.

Mässpojken, som endast var 14 år gammal, suckade, när han kom ned i båten och sade: "Nej, nu har jag aldrig sett på maken. Sjunker Adine?" En mans rådighet räddade alltså detta unga människoliv. Adine, som under tiden vi sjösatte livbåtarna hastigt sjönk med akterskeppet, var uppenbarligen svårt skadad mellan 3:ans och 4:ans lastrum, d.v.s. ungefär mitt under stormasten. Denna föll förresten med ett väldigt brak överbord, långt innan vi kommit klara från fartygssidan.

Man hörde också hela tiden, huru vattnet forsade in i det tomma fartygsskrovet. Dessutom knakade detta, och det väsnades oroväckande av lösa delar, ju mera Adine satte sig på "ändan" Adines dagar voro slut, ty vilken sekund som helst kunde hon sätta större fart nedåt och försvinna. I min båt var det en verklig oreda, en plåtbit från fartygssidan hade sprängts loss vid olyckan och därefter slungats högt upp i luften för att slutligen hamna i livbåten. Bordläggningen var lyckligtvis icke skadad, men plåtbiten, som vägde c:a 35 kilo, hade slagit av samtliga åror och masten, som tillsammans lågo surrade midskepps i båten, och med gemensamma krafter togo mot den första stöten. Dessutom slogos två tofter av och diverse andra grejor skadades, varför ordet oreda kanske var ett allt för milt uttryck.

Då akterskeppet var långt under vattnet och fartygskroppen bildade en ungefärlig vinkel av 40 grader med vattenytan, ropade skepparen ett kraftigt "sätt av". Själv tog han sig ned i babords livbåt genom att först slunga sig ut och därefter fira sig ned i en av taljorna till denna båt. Adines sista befälhavare var också, som sig bör, den siste att trampa ångarens däck.

När en olycka händer på landbacken, även om denna skulle vara såsom i detta fallet av krigisk natur, finns det många möjligheter till hjälp och räddning. Den största förmånen där är till att börja med fast mark under fötterna, vidare kommer brandkåren till hjälp, och polis eller militär kan inom loppet av några minuter vara på olycksplatsen. På havet är det helt annorlunda. Där får vi i 99 fall av 100 klara oss själva, och den stora fördelen med fast mark under fötterna blir ofta till nackdel, när vi sjömän skola försöka nå denna.

För att nu återgå till min livbåt, var det förste styrman, som var chef i denna, och han beordrade oss, att paddla med vad som helst för att om möjligt komma en bit från ångaren, innan det var för sent. Tack vare det rådande vackra vädret och smul sjö lyckades vi också komma c:a 50 meter bort från Adine, och då stod denna som en spökliknande figur rätt upp och ned i vattnet jäms med kommandobryggan.

Vi hörde strax efter vi voro klara från fartyget, huru lösa mellandäcksstockar och massor av träluckor i samma däck gåvo sig iväg akteröver och törnade emot skottet med en duns. Ingen levande varelse kunde vid denna tidpunkt ha räddats från fartyget, och i mitt minne skall särskilt ångarens lodrätta ställning bevaras. Denna ställning varade dock icke många sekunder, ty med ett hemskt och mycket kraftigt brak försvann Adine med blixtens hastighet nedåt.

Om braket var en ångpanneexplosion eller om det var något av de vattentäta skotten, som gav vika och sprängdes, kan jag ej avgöra. Adine var borta från vattenytan 10 minuter efter "dödsstöten". Att det varit en mina, som orsakat olyckan, togo vi för givet. Dock voro vi överbevisade, att denna träffat akterut, och icke som vi först trodde under skansarna. Antagligen märktes smällen så obehagligt kraftig i förskeppet för att fartyget var i barlast, och för att det blev en naturlig svikt så långt fram i ångarens förskepp, när stöten tog i akterändan av fartyget.

En stund efter Adines undergång förenade sig babords livbåt med vår. Vi kunde ju icke förflytta oss nämnvärt. Sida vid sida lågo alltså Adines tvenne livbåtar, tillsammans rymmande ett 30-tal räddade sjömän och en engelsk lots. Den senare hade slagit sig i ena sidan och därefter fått en rätt svår nervchock. Jag själv hade ju fallit och slagit mig, men skadorna voro ej så stora, som jag först trodde. Ty sedan några minuters lugn uppstått och blodet på armbågen stoppats, var jag åter i toppform med min kära livhank i behåll.

Det kacklades mycket man och man emellan, och glädjeresonemanget, om var den eller den befann sig vid olyckan och på vad sätt han hade kommit ner i livbåten var nära nog öronbedövande. Den största glädjen var dock, att ingen följde med ångaren till botten.

När vi på detta sätt haft en liten trevlig pratstund bestämdes, att vår båt skulle få låna två åror från babordsbåten, och att vi dessutom skulle hänga på släp. Det var alldeles vindstilla, så segel skulle ej ha gjort någon nytta. Skepparen ansåg dessutom, att vi hade gott om tid, enär det ännu icke dagats, och eftersom vi voro helt nära land. Han tillade även något om, att vi skulle sikta några hamnpirar så fort det blev ljust. Färden mot land började så sakta och i glädjens tecken under maklig rodd.

Glädjen och rodden togo emellertid ett hastigt slut, ty i vår omedelbara närhet dök en stor tysk ubåt upp som ett S p ö k e. Kalla kårar gingo utefter ryggen på oss alla. Vi hade reda på, att de tyska ubåtarna hade order att tillintetgöra både små och stora fartyg inom denna förbannade blockadzon.

Då vi i livbåtarna kunde anse oss tillhöra gruppen "mindre fartyg", trodde vi att turen nu var vår. Ubåtens djärvhet att dyka upp så snart efter det Adine hade försvunnit, kan man kalla för typiskt tyskt. Denna ubåtsbefälhavare fruktade tydligen ej det ringaste vare sig närheten av land eller den "starka engelska kustbevakningen".

Vi beräknade avståndet till land till fem sjömil, då denna ubåt under "klart skepp till drabbning" närmade sig och ingav allt utom hopp. Lotsen, som börjat krya på sig en liten aning, förstod snart, vad saken gällde. Han bad kaptenen att icke tala engelska till tyskarna och framför allt icke blotta hans nationalitet.

Efter en liten stund ropade emellertid ubåtschefen an oss på engelska och frågade, huru stort fartyget var, som han sänkt. Förstestyrmannen svarade kvickt och i mycket upprörd ton, att vi voro NORRMÄN, och att även fartyget var norskt. Ubåtschefen svarade härpå, att dessa uppgifter voro intresselösa för honom, alla inom denna zon ansågos som fiender och behandlades som sådana. Den mäktige chefen befallde därefter oss att komma långsidan av ubåten.

Denna order utfördes snarast möjligt, men roligare nöjen än att paddla till sidan av ubåten, har jag varit med om. Enbart att bliva upptäckta av något engelskt krigsfartyg, som omedelbart skulle öppna eld mot ubåten, och då i första hand förgöra oss, var ett riskmoment av allra största slag.

Tyskarna själva fruktade emellertid av allt att döma ej något sådant anfall, kanske hade de gjort samma erfarenhet som berättaren beträffande den engelska kustbevakningen. Den var verkligen ingenting att frukta för en fiende, möjligen något att hoppas på för en nödställd.

Förlåt, jag var orättvis, när jag yttrade det sista. Engelsmännen hade räddat mitt liv, men just i detta ögonblick voro de ej välkomna, ty det är inget större nöje att känna sig som "mellanlägg" för kanonkulor. Att jag aldrig kom över mitt missnöje med engelsmännens kustbevakningssystem, kan jag ej riktigt förklara, men jag själv och mina kamrater ansågo, att det var en skamfläck på Englands stora och stolta flotta och dess ledande män, att 100-tals handelssjömän rodde i livbåtar, drevo på flottar eller kanske simmade vid landets kuster utan att omedelbart erhålla effektiv hjälp.

Jag hade aldrig förr under mitt 19-åriga liv varit med om en så nervös förtöjning, som denna vid ubåtens sida. Detta var första och enda gången, sedan tyskarna började skjuta utan föregående varning som jag personligen kunde höra dem "tala" på nära håll. Jag satt längst fram i fören på vår båt och skötte fånglinan, och då jag räckte denna till en av de tyska matroserna, skakade jag av förtvivlan och rädsla för livhanken.

Tyskarna visade ett grovhugget, barskt uppträdande, och deras hotfulla kanoner och revolvermynningar voro alla riktade på oss, så att vi knappast vågade andas. Fredliga protester mot denna deras inställning skulle säkerligen endast ha förvärrat vår situation. Vi hade bara att tiga, vara rädda och besvara frågor. Ångaren Jarls baneman lämnade oss åtminstone ostörda på Norra Atlanten efter sitt våldsdåd. Den nu närgångne ubåtschefen icke bara sänkte, han skulle också ha reda på, vad som sänktes.

Det hade börjat att dagas en aning, då förtöjningen var klar, och chefen tog till orda. Skeppspapperna voro det första, som efterfrågades, men då vår befälhavare icke bärgat alla dessa utan endast mätbrevet, betänkte han sig ett ögonblick, innan detta överlämnades. Han ville göra ett försök att förklara, att även vi behövde papper för att styrka, vem vi voro.

Då föll ubåtschefen i raseri, han var van vid, att folk framför mordvapnens mynningar omedelbart löd order. Hans raseri ökades genom ett oförståndigt tilltag från vår stewards sida. Denne gjorde ett par blinkningar med en ficklampa. Chefen sade; "Kallar ni på hjälp också"? Bakom dessa ord låg en icke ringa del hot. Det tidigare allvarliga läget, som i någon mån avtagit, sedan vi kommit till ubåtens sida, tilltog åter hastigt. Skulle tyskarna göra oss illa eller icke, var en brännande fråga.

Kapten Sörensen förstod antagligen, att han själv varit dum, som icke omedelbart och utan att yttra sig överlämnat mätbrevet och vidare, att blinkningarna av stewarden från tyskarnas sida lätt kunde misstänkas vara signaler på hjälp. Vår skeppare övergick därför till ett mycket milt tonfall, när han överlämnade mätbrevet och beklagade, att detta var det enda av skeppspapperen, som bärgats. För obetänksamheten med de omtalade blinkningarna framförde han även ursäkter.

Ubåtschefen lugnade sig då åter och visade efter att ha läst igenom mätbrevet tydliga tecken till belåtenhet. Han hade ju klara papper på ett utfört hjältedåd. När han därför åter vände sig till skepparen och frågade, om hela besättningen var norsk, lade man klart märke till olikheten i hans röst, den var nära nog men dock icke ångerköpt. Nej, svarade emellertid skepparen, förutom norrmän bestod besättningen av svenskar och danskar. Om den gode engelske lotsen, som ju strängt taget icke tillhörde besättningen, nämndes ej ett ord, och väl var detta för honom.

Den tyske matrosen, som stod vakt vid sidan av förstäven av min båt, bad mig av någon anledning hålla mig stilla. Misstänkte han månne, att jag hade någon handgranat eller annat sattyg i bakfickan? Jag blev ytterligare nervös, satte mig halvt förlamad åter på livbåtens stäv, samt önskade i mitt stilla sinne både honom och ubåten all världens väg.

Ubåtschefen övergick nu till en mycket bruten "skandinaviska" och frågade på detta språk, om vi hade fullt klart för oss på vilket farligt vatten, vi befunno oss, och att döden var det enda, som väntade på alla här seglande sjömän. Liv och allt offrade vi för att gynna våra fiender engelsmännen, sade ubåtschefen med en viss vemodig stämma. Skepparen svarade, att han mycket väl kände den tyska blockadzonens alla gränser, men fortsatte, att vi nu med Adine hade varit på resa till Shields för att lasta till Oslo. Vid framkomsten dit skulle vi alla ha avmönstrat för att icke gå till sjöss, så länge kriget varade. Det sista med skepparens Osloresa var antagligen en liten nödlögn, ty vi skulle i Shields enligt min bestämda uppfattning ha lastat till Italien.

Ubåtschefen fortsatte och frågade, om vi ansågo oss göra rätt, då vi i dessa farvatten riskerade våra liv för en främmande makt. Kapten Sörensen framhöll, att han, liksom ubåtschefen, fick lyda order, men ville dock icke förneka, att vi riskerade våra liv samt att vi seglade för engelsmännens räkning.

Den tyske chefen sade mycket annat, men detta har jag glömt efter alla dessa år. Efter en halvtimmas uppehåll vid ubåten, gav dennes chef order om, att vi skulle sätta av. Innan dess framförde han emellertid en önskan, att vi, när landningen lyckligt skedde, skulle vara goda och hälsa hans "vänner" engelsmännen från honom och hela hans besättning. Det senare lät ju som ett dåligt skämt, men jag drar mig icke för att tro, att han menade fullt allvar. Han gillade engelsmännen personligen fast ett krig nu kommit emellan, och då skjuter man t.o.m. på sina vänner.

Vi blevo alla lättare till sinnes, när ubåten dök och försvann. Den skadade oss visserligen icke, men de gapande kanon- och revolvermynningarna hade vi fått mer än nog av. Tänk eder bara hårdheten hos ubåtschefen, han frågade icke ens, om vi alla voro räddade från Adine. Värdet av ett eller flera människoliv voro lika med noll under kriget. Chefens ord gjorde dock ett djupt intryck på oss. Han beklagade oss visserligen icke, men han varnade och framförde en indirekt ursäkt.

Det var fortfarande vindstilla, när vi för andra gången började färden mot land, och då vi strängt taget endast kunde ro i den ena livbåten, gick det icke framåt med någon större fart. Tidvattensströmmen satte troligen starkt emot oss, och dessutom voro vi antagligen längre från land än beräknat vid själva olyckstillfället.

Vi sågo dock, då det blivit full dager, att vi kröpo närmare land, och efter några timmars rodd blevo vi i infarten till "Tess Bay" ombordtagna av ett engelskt bevakningsfartyg. Detta, vars namn var "Hermis", tog livbåtarna på släp och landsatte oss senare i Middlesborough.

Vid ankomsten lyfte vi upp den lossprängda delen av Adines

styrbordssida på kajen, den propellerliknande plåtbiten, som var det absolut enda räddade från den en gång så stora och stolta engelska ostindiefararen. Innevånarnas intresse för oss var däremot icke så stort, vi voro ju icke engelska sjömän och således ingenting att hurra för. Jag tänkte på min första kapning och befolkningens glädjetjut vid ankomsten till England. Den nattliga olyckan, som jag alltid fruktat, var sålunda lyckligt över utom för lotsen. Han fick nämligen föras till sjukhus.

Den engelska polisens intresse för oss sjöfolk hade icke slappnat. Vi blevo direkt förda till närmaste polisstation, varest ett regelrätt förhör igångsattes. Detta vill jag naturligtvis icke klandra dem för, men innan förhöret borde polischefen ha höjt en välkomstskål för oss, som lyckligtvis ej hamnade på sjöbotten. Denne höge man hade emellertid icke några minuter över att vara artig på. Han hörde, att vi talat med en tysk ubåtschef, och detta var betydligt viktigare än allt vad artighet betyder. Man riktig såg, huru paragrafriddaren njöt, då han vänd mot skepparen frågade efter dennes namn och den förolyckade ångarens namn och hemort.

När dessa frågor voro besvarade, vände han sig till oss alla och frågade, om någon sett ubåtens nummer. Då det dröjde, och ingen svarade, ansåg förhörsledaren, att tystnaden var liktydig med nej, varför han något misstänksamt vände sig åt det håll, skepparen stod. På den frågande blicken reste sig kapten Sörensen upp och försökte förklara, att undervattensbåten överraskade och skrämde oss så till den grad, att bagateller som båtens nummer, var det ingen, som reflekterade på. Vidare, sade kaptenen, bidrog mörkret till, att vi icke voro i tillfälle att noggrannnare studera Adines baneman.

Förhörsledaren såg ännu mera misstänksam ut än tidigare, då han efter att ha betänkt sig en stund vände sig till Kapten Sörensen och frågade, om han ville återge sitt samtal med ubåtschefen så ordagrant som möjligt. Det gick skepparen gärna med på.

Efter detta började den förhörsledande mannen att se skapligt nöjd ut, trots att vi icke kunnat giva den viktigaste upplysningen, nämligen om numret.

"Kapten Sörensen", sade polismannen, "Ni har väl icke glömt eller förtigit något, som gällde den tyska ubåten"? "Jo", blev svaret, "det har jag på sätt och vis, ty den tyska ubåtschefen bad nämligen att vi till Eder och för övrigt till alla engelsmän skulle framföra hans och ubåtsbesättningens hjärtligaste hälsningar".

Efter dessa ord blev det dödstyst i domsalen, och med en talande blick gav förhörsledaren tillkänna sin avsky för liknande hälsningar, men kapten Sörensen småskrattade och sade på norska: "Ordhållig är jag i alla fall, fast det togs naturligtvis illa upp". Förhöret var slut. Båtens nummer var och förblev det endast tyskarna förunnat att veta, men detta hindrade icke, att polisen trodde, att vi hemlighöll numret på den ubåt, som vi mera än dessa hade all anledning att förbanna.

Passkontrollen passerade jag denna gången med lätthet, mina båda pass hade jag bärgat och på det ena stod det skrivet: Innehavaren har senast tillhört besättningen på norska ångaren Elfi, som torpederades utanför Sunderland den 7 febr. 1918. Dessa båda olyckor med endast 5 veckors mellanrum gjorde effekt, ty passpolisen, som först stämplade, att jag måste vara "indoors at registered address" from 7 pm (em) to 7 am (fm), ändrade efter att ha tittat på mig ett slag den första siffran till 9 em. Alltså förlängdes min rörelsefrihet på kvällen med hela två timmar, och detta var ju en stor uppmuntran för mig. "Permiss" till 7 på kvällen hade varit en tortyr för en sjöman i fritt erhållna "nya kläder".

Apropå kläder så befunno vi oss några dagar efter detta i Newcastle, där jag mycket stolt gick ned till järnvägsstationen och avhämtade det tillskott, som förståndigt nog skickats på räls från Cardiff. Det kanske icke var fullt rätt, att först taga hand om ersättningen för denna välpackade kappsäck och därefter ta hand om kappsäcken själv. Nåja, detta lilla affärstrick har jag aldrig gjort mig något samvete av, ty havet har fått mera och sådant av mig, som ej kunnat ersättas med penningar.

Tänk bara på s/s Jarl, där bland mycket annat farsans silverrova åkte med, ett minne oersättligt för mig.

I Newcastle voro alla gatorna och även alla kontoren, jag

skulle besöka, "mycket välkända". På den korta tid, sedan jag sist var här, hade möjligheter att uppnå Sverige icke förbättrats utan snarare tvärt om. Efter mitt föregående besök, hade jag troligen ingen hjälp att vänta från det konsulat, som representerade mitt fosterland. Jag gick visserligen dit och fick mitt pass stämplat för resa till Sverige, men detta var också allt. Nej, skulle jag ha utsikter att komma hem, var det endast med välvillig hjälp från min gentlemannaskeppare.

Denne svarade mig också mycket vänligt, då jag påminde honom om hans löfte angående fri hemresa ifall Adine förolyckades. Kapten Sörensen sade bland annat, att hans ord var detsamma som kontrakt för mig, och att jag skulle lämna Newcastle, innan han själv avreste, även om han själv skulle bekosta min resa till Bergen. Då jag icke enligt lagen var berättigad till fri hemresa, voro dessa skepparens ord ett kraftigt moraliskt och ekonomiskt stöd för mig. "På norska konsulatet", fortsatte skepparen, "har jag redan talat om och för Eder sak, bara gör alla papper klara och vänd Eder sedan dit. Skulle det klicka på ett eller annat sätt så sök upp mig på hotellet och betvivla icke mitt löfte."

Glad över en sådan befälhavare vände jag mig till Kungl. Norska Konsulatet några timmar senare och framförde hälsningen om hemresan. Här liksom på Svenska Konsulatet fick jag ett kyligt mottagande. Mycket riktigt hade Kapten Sörensen talat om hemresan för en svensk sjöman, men eftersom jag icke var norsk, kunde intet göras för mig och min tilltänkta resa till Bergen som passagerare. Men däremot, sade tjänstemannen, kunde jag eventuellt få medfölja ångaren Ragnvald Jarl såsom kollämpare över till Bergen. "Naturligtvis", sade jag med min tidigare erfarenhet från konsulat, "är jag mycket tacksam för detta erbjudande, men jag måste först tala med kapten Sörensen, då denne uttryckligen sagt, att jag skulle komma till honom, om något skulle klicka".

Åter måste jag således uppsöka min avhållne skeppare för att med honom rådgöra om den uppkomna situationen och jobbet som kollämpare. Kapten Sörensen vandrade fram och åter i sitt hotellrum, då jag knackade på och steg in. När jag förklarat anledningen till mitt nya besök, sade han: "Nej, gutten, mitt löfte och jobbet som kollämpare passa föga tillsammans, jag är bara icke mannen att lova, jag skall också visa, att jag är mannen att hålla, vad som lovats."

Skepparen såg mycket förargad ut, då han fattade luren till telefonen och begär Norska konsulatets nummer. "Hallå, ja, det är kapten Sörensen, som talar. Voro vi icke överens om, att den svenske gutten skulle ha fri hemresa, även om jag själv skulle stå för alla med denna resa förenade utgifter? Har jag talat med Eder om något jobb som kollämpare för gutten? Nej, inte det, varför erbjuder Ni honom en sådan plats då? Mannen är av mig garanterad fri resa till Norge och denna skall han med eller utan Eder hjälp bekomma."

Så lade kaptenen på luren för att strax därefter åter lyfta den och begära numret till Nordenfjeldske ångfartygsaktiebolaget samt säger: "Kan Ni ha den till mig utlovade biljetten klar för hämtning om 10 minuter? Mitt eller guttens namn spelar mindre roll. Han kommer omedelbart och hämtar den själv. Vad? Nej, jag reser ej själv med Ragnvald Jarl, troligen kommer jag att gå med någon engelsk jagare från Aberdeen till Norge".

När kapten Sörensen var klar med de båda telefonsamtalen vände han sig till mig och sade: "Gå nu till Nordenfjeldske och hämta Eder biljett. Skulle det återigen misslyckas, så kom tillbaka, och då skall jag personligen följa med."

Skepparen, som icke lät skoja med sig, var kapten Sörensen, hans löften voro säkra som berget och skulle tydligen infrias till vilket pris som helst.

Stort tack blev jag denne mannen skyldig, och när jag räckte fram min garvade och sönderskjutna högra sjömansnäve, kunde jag knappast hålla tårarna tillbaka, utan snyftade bara fram ett "tack, Kapten". Då sade skepparen: "Gutt, Ni skall icke vara fullt så tacksam, jag har icke favoriserat Eder på något sätt, mitt ord har jag endast hållit, och det bör ju varje människa göra. Hoppas att Ni kommer över Nordjön lyckligt och väl, samt att Ni icke glömmer att avhämta Edra torpederingspengar hos redaren i Oslo".

När det sista yttrades, småskrattade den mot mig så hygglige och rättvise mannen.

Kapten Sörensen var en man i ordets fulla bemärkelse. Han blev min idealbefälhavare av följande huvudskäl: värdighet, vänlighet, duglighet samt först och sist ordhållighet.

Två dagar senare låg Ragnvald Jarl fullastad med passagerare, styckegods och post klar att avgå från Newcastle. Då den började att glida utför Tyne, stod jag på fördäck och höll utkik på båda sidor. Där passerade vi t.ex. om styrbord den kolspruta med tillhörande brygga, vid vilken jag med s/s Elfi lastade dennas sista kollast.

Längre ned i floden om styrbord lågo två i mitt minne olämpligt placerade förtöjningsbojar. Mellan dessa låg en gång ett italienskt fartyg förtöjt, då vi med s/s Union skulle passera. Det bar sig emellertid icke bättre, än att strömmen tog oss, och med god fart sattes Union ned mot italienaren. Skepparen och lotsen skreko om varandra som galningar att lägga av styrbordsankaret. Förste styrman och jag, som voro på backen, försökte att utföra ordern men misslyckades, ankaret nekade blankt att lämna klyset och ge sig av. En ny order kom då, att vi istället skulle fälla babords ankare, men det blev bara ett nytt försök och ett nytt misslyckande. Kaptenen, lotsen och icke minst styrmannen dundrade av vrede över de trilskande ankarna, och under tiden kommo vi allt närmare italienaren.

Det hela slutade dock jämförelsevis bra, ty efter en finfin maskinmanöver slogo de båda fartygen sina bredsidor mot varandra, och skadorna blevo mycket ringa. Ett par ändar fingo vi ombord på italienaren och förtöjde för en stund vid dennes sida. Styrmannen, som bar ansvaret för det skedda, satte omedelbart igång med undersökning. Orsaken hade jag fullt klart för mig, när babordsankaret också strejkade, men hann tyvärr ej borttaga denna och sade därför ingenting.

När styrmannen tittat på ankarna och ankarspelen ett slag, sade han: "Här ligger felet icke, vi skola gå ned i kättingsboxen".

Något skamsen följde jag med för att upptäcka, vad jag redan förut visste. De båda kättingarna voro kraftigt surrade samman med en lina strax nedanför kättingspiporna. Detta hade gjorts till sjöss av oss i skansen för att icke kättingarna skulle slå i piporna, när fartyget rullade. Utfört av oss, men sedan bortglömt. Till sjöss kan en liten obetänksamhet ha allvarliga följder. Detta var ett litet minne, som passerade revy, när jag sista gången under detta stora kriget lämnade England.

Båtar eller fartyg hade alltid varit min stora hobby: jag bet märke i dessa och för övrigt i allt annat flytetyg eller sådana saker, som hade det minsta med sjön att göra. Ett sjöfartsland av Englands storlek skulle därför ha passat mig utmärkt, om ej kriget varit. Nu däremot lämnade jag både landet och dess kuster utan någon större saknad. Kanske borde jag göra ett rättvist undantag för de vackra flickorna.

Vågbrytarna utanför Shields voro redan akteröver, och den vanliga spänningen började. Skulle vi klara oss över till Bergen eller icke?

Havet var dock havet, och om jag bortser från alla tillfälliga farligheter, så är det fortfarande älskat av mig. Tänk er bara vad ett påpassligt sjömansöga kan se och värdesätta i denna stora vattenöken. Hur nöjsamt är det t.ex. icke att studera en eller flera springare, som simma kapp med fartyget eller att se en annan slags fisk hoppa högt upp i luften.

Sedan jag lämnade min första ångare, hade jag ej varit ombord i en så vacker och snabbgående båt som Ragnvald Jarl. Passagerarna bestodo av en brokig samling från enkelt sjöfolk upp till norska storredare, svenska grevar och ryska storfurstar. Alla hade de emellertid en gemensam egenskap, och den bestod i att samtliga voro iklädda livbälten. Flera hade dubbla, och en verkligt "fin" man, som jag talade med hade ett vanligt och två gummibälten. De senare demonstrerade han för mig, då han under övning blåste upp desamma. Jag skrämde honom en aning genom att försäkra, att han därmed kom att flyta med benen i vädret. Han förklarade dock för mig, att det var en teoretisk omöjlighet att tippa över och kände sig därför lugn.

Strax efter vi lämnat Shields, erhöllo vi konvoj och gingo med sakta fart i denna, som bestod av ett 10-tal skandinaviska lastbåtar samt många engelska krigsfartyg av olika typer. Glädjande nog ansåg jag bevakningen tillräckligt stark för att möta ett anfall av tyska övervattensfartyg. Detta var enda gången under det fyraåriga världskriget, som jag rent personligen kände mig skyddad och lugn bakom engelska kanoner.

Lugnet varade emellertid ej så länge, ty vi hade icke hunnit så långt, förrän det hände något i konvojen, som störde friden. Ragnvald Jarl med sin dyrbara last fick order att sätta full fart och styra i zigzag-kurser för att icke träffas av någon lömsk torped. En fullträff skulle ha haft svåra och oöverskådliga följder. Ragnvald Jarl var en allt för liten ångare för att transportera så mycket människor under dessa oroliga tider. För min del räknade jag ut, att om en olycka inträffade, var enda sättet till räddning, att direkt och utan beräkning hoppa överbord och simmande försöka uppnå något annat fartyg i konvojen.

Mina måltider hade jag order att passa i befälets mäss, men jag saknades vid samtliga dessa för att icke gå under däck och ta' några onödiga risker. Matfrågan löste jag på ett enkelt sätt. Jag skaffade mig ett paket knäckebröd. Vatten fanns i en karaff på skottet i den trappnedgång, som av mig ansågs torpedsäker, d.v.s. med andra ord, där jag hade känslan av största trygghet vid en eventuell olycka, och där jag var säker på att icke omedelbart dödas. Det blev visserligen "en resa" på vatten och bröd mellan Newcastle och Bergen, men många före mig ha levat på sådant betydligt längre. Förresten hade jag ju själv i Jarls livbåt gjort detta.

Allt gick dock väl över Nordsjön, och tidigt en morgon kommo vi upp under norska kusten, där Ragnvald Jarls zigzag-kurser upphörde, och detta var signalen för mig att gå till kojs och känna mig säker. Aldrig vare sig tidigare eller senare har jag sovit så gott i de norska fjordarna.

Fartyget hade antagligen varit förtöjt vid kajen i Bergen flera timmar, ty framför mig stod en tulltjänsteman och undrade, om jag skulle medfölja fartyget till Drammen, och huru vi i så fall skulle ordna det med visitationen.

Efter några minuter klarnade det i min något dimmiga hjärna. Jag var ju lyckligt framkommen till Bergen och skulle med tåg fortsätta till Oslo. Detta sista mumlade jag högt, men då drog tullaren på smilbandet, upplysande mig att tåget för länge sedan gått. Men han tröstade mig med, att detsamma hade varit överfullt, och att det var flera stycken, som ej kommo med. Detta berodde på, sade han, att det var söndag och att Ragnvald Jarl hade haft flera passagerare än beräknat.

"Är Ni sjöman", frågade tullmannen, som ej föreföll att ha någon brådska. "Ja, under hela kriget, men skall nu lägga upp, tills det är över, ty jag har haft en sabla otur och vill icke längre riskera mitt liv", svarade jag. "Har Ni varit i några norska båtar"? frågade tullaren vidare. "Ja, de två sista fartygen, jag exploderade med, vore hemmahörande i Oslo, och dessutom har jag farit i två andra norska båtar".

"Då tycker jag", sade tullaren, som redan blivit min vän, att Ni skall tala med skepparen på detta fartyget och försöka att få medfölja till Drammen. Förklara bara för honom, att Ni missade tåget till Oslo, och dessutom att Ni kommer från en sprängd osloångare. Skepparen, som är en människovänlig man, skall då säkerligen hjälpa Eder till Drammen, och därifrån kommer Ni för en billig slant till Oslo".

Tipsen voro mycket goda, och allt gick också efter tullmannens beräkning, när jag en stund senare "bockade" mig för Ragnvald Jarls befälhavare. Han sade, att resan skulle jag få gratis, eftersom jag nyligen varit utsatt för en olycka, men maten måste jag betala. "Vi sjöfolk ha alltid vissa förpliktelser mot varandra", fortsatte kaptenen, "och det är delvis detta, som nu gör, att Ni få medfölja till Drammen." "Det måste", sade jag, "ha varit denna förpliktelse, som gjorde, att min siste befälhavare gav mig fri resa till Bergen." "Nåja", sade kaptenen, "han var således en god kollega till mig, och ingenting är naturligare, än att jag räcker min hand, där han släppte sin. En bra bit närmare Sverige kommer Ni ju med min båt, som beräknar vara i Drammen redan i morgon. Men kom ihåg, att Ni icke är någon 'riktig' passagerare utan endast fripassagerare med mitt tillstånd, vi får nämligen ej taga några passagerare i kustfart."

En stund senare stävade ångaren söderöver mot Drammen. Mat behövde jag icke, ty mitt knäckebrödsförråd räckte. Förresten blev jag gäst hos pojkarna i skansen, och blev bjuden på mat i långa banor.

Ragnvald Jarl var en snabblöpare, och efter c:a 22 timmar hade den tillryggalagt de 340 sjömilen mellan Bergen och Drammen. Glad, gick jag vid framkomsten till järnvägsstationen och löste biljett till Oslo. Den världsberyktade järnvägsresan mellan Bergen och Oslo tappade jag visserligen, men att som äldre ha minnet kvar av en människovänlig skeppare är betydligt mera värt än alla järnvägsresor tillsammans. På detta sättet fick jag nöjet att åka mellan Drammen och Oslo, vilket i och för sig var en upplevelse, eftersom både farten på banan och landskapet påminde mig om min egen Lysekilsbana.

Vid framkomsten till Oslo sökte jag omedelbart att få kontakt med Adines redare, den förut omtalade Direktör "Kula" Poulsen. Dennes, såväl som alla andras kontor, voro emellertid stängda på grund av helgdag, och på sådana dagar är det alltid frid på landbacken. En portvakt i Direktör Poulsens hus upplyste mig dock om hans adress utanför Oslo, och att jag kunde söka honom privat. Detta ansåg jag opassande och framhöll, att det troligen var bättre att invänta skeppsredarens ankomst nästkommande dag.

"Som Ni vill", sade han, "men annars kan jag telefonera till direktören och omtala, att Ni är från Adine samt framhålla, att Ni står på bar backe, d.v.s. utan pengar." "Ånej, utan pengar är jag ej, men kassatillskott äro alltid välkomna, och naturligtvis accepterar jag Edert förslag att ringa." Några minuter senare var skeppsredaren i telefon, han visade sig mycket förstående och bad genom portvakten mig vänta, tills han själv kom till kontoret.

Tänk er bara hur "stor" jag kände mig, där jag stod, en enkel sjömansgrabb utanför en stor byggnad, och väntade på, att redarepampen skulle komma. Han hade uppmärksammat mig genom att avbryta söndagens vila för att stå "till tjänst". Att världen bara icke är full av onda människor visade alltså denne man, liksom tidigare både Adines och Ragnvald Jarls befälhavare gjort.

Snart nog svängde en flott bil om hushörnan, och ur steg den eftertelefonerade med rak kurs på mig. "Är det Ni, som är från Adine och som önskar träffa mig?" frågade Direktör Poulsen. "Jo, det är nämligen så, att kapten Sörensen på Adine uppgivet denna adressen, för att jag skulle träffa direktören och avhämta mina torpederingspengar."

"Min gutt", sade skeppsredaren, "det var stora pengar Du begär, och jag vet ju icke ens vem Du är, eller varifrån Du kommer". "Mitt namn är Claesson och jag var matros på ångaren Adine, när detta fartyg blev skjutet i sank." "Nåja, det var ju roligt att ni klarade er alla, och var så god stig på, så få vi talas vid, men jag förstår dock icke, hur Du kan vara här före skepparen." "Jo, det är en liten historia för sig, men jag var faktiskt den ende från Adine, som blev skickad med Ragnvald Jarl över till Bergen. Kapten Sörensen skulle däremot, hörde jag av en tillfällighet, eventuellt resa med en engelsk jagare strax efter från Aberdeen. Han kan väl, om turen är honom god, beräknas vara i Oslo ganska snart."

"Har Du några papper", sade direktören, "som bevisar, att Du varit ombord i Adine"? "Nej, jag har inget skriftligt från kapten Sörensen, han sade bara, att jag skulle visa mina pass och hälsa från honom, så blev det penningar att få." "Det var inte dåligt", sade redaren, under det han slår i en liggare över namnen på Adines besättning. "Du heter alltså Claesson, Carl-Otto, är svensk och påmönstrade Adine i Cardiff". "Ja, det stämmer, direktören, och detta kan jag bevisa med mina polisstämplade pass".

"Så långt var det rätt", sade skeppsredaren, "men nu kan Claesson läsa detta telegram, det är adresserat till Kapten Sörensen i Newcastle". Jag tog det överräckta telegrammet och läste följande: Ordna i England alla ekonomiska mellanhavande med Adines besättning. "Det må vara hur som helst med detta telegram, jag har dock icke fått mina torpederingspenningar, ty då hade jag verkligen ej kommit till direktören och begärt sådana", sade jag.

"Hann Du eller någon annan av besättningen bärga några av sina ägodelar vid olyckan"? "Nej, direktören, vi hunno knappast att bärga oss själva, långt mindre våra grejor". Att jag, som redan nämnts endast var ägare av två stövlar till samma ben utom tandborsten, var min och icke redarens sak. Jag kunde sanningsenligt och utan att blinka svara, att allt mitt följde med Adine i djupet, samt att det enda, som bärgades, var den omtalade biten av fartygssidan. "Nåja," sade direktören, "Du är i Din fulla rätt till pengar efter olyckan, och att Du ej redan erhållit dessa, beror antagligen på, att mitt telegram ej hunnit fram före Ragnvald Jarls avgång.

Ser att Du är från Askums socken i Sverige. Var ligger denna?"

"I Bohuslän, direktören, något norr om Lysekil. Egentligen är det vilseledande för jag är född på Malmön, som vid tid denna tid tillhörde Askums socken. Numera är min hemö egen socken med egen kyrka och antagligen med flera innevånare än hela Askum."

"Nåja, jag har egentligen ingen skyldighet att utbetala de begärda pengarna", fortsatte skeppsredaren, "men eftersom Du är bohuslänning, och ingen sådan tidigare svikit mitt förtroende, hoppas jag icke, att Du blir den förste, utan jag lämnar ut pengarna, innan Kapten Sörensen kommit. Du slipper på detta sätt att vänta flera dagar kanske, men skulle jag genom kaptenen få reda på, att jag handlat felaktigt, skall Du nog få höra av mig." Därpå öppnade direktören ett skåp, uttog ur detta samt överlämnade till mig mina torpederingspengar.

Vi hunno tala om mycket annat i samband med Adine och ubåten, som sänkte den, men skeppsredaren hade bråttom, och så var fallet även med mig, ty mitt tåg skulle gå till Göteborg om en liten stund. När vi väl kommo ut på gatan igen, bad mig direktör Poulsen att sitta upp i bilen, varefter han körde mig till järnvägsstationen. Både denna körtur och all den vänlighet han visade mig, värdesatte jag mycket, ty en sjöman är icke bortskämd med sådant.

Tåget satte igång och rullade söderöver. Snart nog passerades gränsen mellan Norge och Sverige. Det var ungefär ett år sedan detta skedde förra gången, och nu liksom då svor jag heligt på att icke gå till sjöss, så länge kriget varade. Sist höll jag icke denna heliga ed, men denna gången skulle svältdöden få taga mig hellre än havet.

Den som var något till glad och mycket tillfredsställd, när tåget stannade i Göteborg, det var undertecknad. Jag promenerade till fots för att njuta av den frihet, som intet annat land kunnat bjuda mig, jag kände, att mina personliga rättigheter här voro lika stora som mina skyldigheter, jag kände och uppskattade min frihet som en äkta nordbo. Med flera hundralappar på fickan och därtill dressad engelsman steg jag något senare in till "Simens" vid Järntorget för att få litet mat.

Göteborg är i alla fall Göteborg, det myckna regnandet och innevånarnes omtalade stelhet sätta blott sin fulla och rätta prägel på staden med de stora skeppsvarven och med de vackert målade spårvagnarna. Göteborg och dess sjöfart intresserade mig mycket, det var därför ganska naturligt, att jag blev Göteborgare på fullt allvar. Först reser jag dock hem till "Mor" och mamma för att erhålla en behövlig vila efter mina äventyr.

På skolbänken

Efter att ha roat mig i min hembygd några veckor installerade jag mig åter i Göteborg hos min förut omtalade släkting, han, som biisträckte mig med en tiokronorssedel. Denne man, hans broder, hans son och hans svärson hade bestämt sig för att göra sjöman Claesson till styrman Claesson. Det hela var varmt mänskligt mot en avlägsen släkting från skärgården. De tre förstnämnda, som buro samma namn som tyska rikets huvudstad, skulle ekonomiskt stötta min svaga ekonomiska ställning. Den siste, svärsonen, skulle bistå mig med praktiska råd, ty han var sjöfartsintresserad, tillhörde en känd seglarsläkt med ett lika känt fisknamn. I bättre händer hade jag aldrig varit och kunde säkerligen aldrig komma. Förut har jag försökt att beskriva, huru jag bland många onda även träffat människovänliga själar, dock vunno de fyra mitt hjärtas första pris för alltid.

Av två skäl var det emellertid svårt för mig att börja studera navigation på allvar, ty dels fattades det tre månaders segelskutspraktik, dels hade jag mycket dålig skolunderbyggnad. Frånsett detta hade jag rätt svårt att "lära i böcker". Dispens för de felande tre segelskutsmånaderna befanns vara ganska lätt att erhålla, men värre var det med inträdesfordringarna till navigationsskolan, där bland annat prov skulle avläggas i följande:

a) att kunna skriva svenska läsligt och någorlunda felfritt efter diktamen,
b) färdighet i de fyra räknesätten med hela tal, decimaler, bråk samt sorter,
c) kännedom om algebrans inledande begrepp,
d) kännedom om mått och vikter, samt
e) kunnighet i geografi och kompassavläsning.

Alla dessa punkter med undantag av den femte, satte myror i min otränade hjärna, punkt tre dock mest, ty aldrig förr hade jag ens hört talas om ett så märkvärdigt ord som algebra. Men även att känna till mått och vikter samt räkna med decimaler och sorter voro ganska svårlösta problem. Under min fleråriga sjömansbana hade jag haft nytta av att vara född i skärgården, ty därifrån hade jag handlag med båtar och även den icke ringa fördelen att på sjön kunna se praktiskt. Allt detta var emellertid icke just nu till någon fördel. Här gällde decimalkommat och andra invecklade matematiska saker. Och vidare var det svenskan. Där hade jag emellertid klart för mig, att aldrig skulle stavas med ett "l" och alltid med två.

Som elev i förberedande kurs till styrmansklassen anmälde jag mig, men innan kursen tog sin början, fick jag privatlektioner av en skolmästare, som hade sin bostad mitt emot BB. Faktiskt var det på rätt ställe jag började, lika redlös som de nyfödda barnen på andra sidan gatan. Min lärare åtog sig att väcka till liv, vad jag icke kunde påminna mig ha lärt vid "Malmöns högre folkskola".

Efter en veckas styvt arbete med privaträkning började den förberedande kursen, och jag vände min första lärare ryggen.

Denne var glad för de framsteg jag gjort, och själv hade jag ingen anledning att klaga. Jag visste numera, att vår viktenhet bar namnet kilogram, och icke, som jag felaktigt kallade det, kilo. Ett första steg till lärdom var taget.

En vacker dag satte jag kursen på den nya eller rättare ombyggda navigationsskolan, i vars undre botten den förberedande kursens lokal var belägen. Elevantalet var ungefär 25, och av dessa var det knappast någon, som hade så svävande begrepp om allt som jag. De flesta kunde t.ex. bolla med och flytta det för mig så mystiska decimalkommat hur som helst och därtill rätt. När jag gav mig i leken med detta tecken blev det alltid felaktigt, och mig föreföll det, som om inga regler följdes.

De första dagarna voro en svår prövning. Jag tänkte på min lärarinna därborta på Malmön. Jag kunde inte påminna mig, att hon någonsin bråkade så med ett enkelt kommatecken. I denna skola gällde det att följa med och försöka få klarhet i vad tecknet hade för funktion att fylla.

Efter fyra veckors "förberedande" hade jag klart för mig både detta och annat, men jag måste erkänna, att det varit bråkigt, både beträffande bråk och alla slag av sorter. En synnerligen god vän fick jag under denna kursen i John Andersson från Onsala, ty han liksom jag var utrustad med mindre god skolunderbyggnad.

När "förberedandet" var slut, kommo inträdesprövningarna till den verkliga styrmansklassen, vilka jag får anse som mycket spännande. Då kapten Blomgren skulle pröva oss i svenska språket, var jag nervös. Hans militäriska gång, hållning och sätt skrämde mig och gav en känsla av torpedering. Det hela var dock icke så farligt, ty när kaptenen frågade, om vi alla voro klara att skriva efter hans diktamen, så förstod jag, att kanske även från denna torpedering skulle jag klara mig. Jag befann mig alltså väl till mods, när Blomman började diktera följande:

"Navigationens eller styrmanskonstens uppgift är att bestämma den väg ett fartyg bör följa från en ort till en annan, samt när som helst under pågående färd fartygets ställe, d.v.s. den punkt på havet, där fartyget för tillfället befinner sig. Denna punkt bestämmes, när land är i sikte, företrädesvis genom iakttagande av riktningar till eller avstånden ifrån kända föremål, men utom landsikte huvudsakligen genom två allmänna metoder, nämligen för det första, genom omedelbar uppmätning av de från en ursprungligen given punkt utseglade linjernas riktningar och längder, och för det andra genom astronomiska iakttagelser. Under vissa förhållanden kan fartygets ställe bestämmas genom lodning, varjämte en del andra iakttagelser undantagsvis kunna giva ledning för ortsbestämning. Navigationen indelas i två huvuddelar, den terrestra navigationen, som grundar sig på iakttagelser på jordklotets yta, och den astronomiska navigationen, som grundar sig på iakttagelser av himlakropparna."

Slut och punkt. Kapten uppmanade de blivande eleverna att skriva namnen på resp. papper och avlämna dessa till honom. När alla prov voro över, kom det för mig icke oväntade utslaget. Jag fick vänta till nästa klass skulle börja, ty den nu blivande var överfull, d.v.s. de bästa pickades helt naturligt ut. Då de sökandes antal uppgick till ett 40-tal och endast 25 kunde mottagas, var det allt för djärvt, om jag alls väntat något. Där funnos sådana, t.ex., som hade student- och realskoleexamen, vilka överhuvud taget ej behövde "tenta" in, och så fanns det sådana, som fått sin sjömansutbildning vid Kungl. Flottan, och deras teoretiska kunskaper äro i allmänhet goda. En skeppsgrabb, vilken börjar sin bana i flottan vid 14- 15 års ålder, bör efter en anställningstid av nio år teoretiskt sett vara en vanlig civilsjöman ganska överlägsen. Större delen av hans liv vid flottan har varit lagd på läsningens bog, där avbrotten endast utgjort träningar och olika slag av idrotter under i regel bra väderleksförhållanden.

I intet yrke är emellertid skillnaden på teori och praktik så stor som till sjöss, ty i de flesta fallen komma alla de goda teoretiska kunskaperna till korta, när det verkligen gäller ute på det stora havet. Jag tvekar därför inte att klandra det system, som användes vid uttagning av elever till rikets navigationsskolor, ty kustbefolkningen bliver mer och mer tillbakasatt för att så småningom kanske helt utestängas från skolan, som i begynnelsen var deras.

Vår kustbefolkning har med heder under flera århundranden brottats med havet till gagn för Sverige och dess sjöfart. Denna präktiga stam avtager för varje år, ty de komma ingen vart. Bramstorp hindrar icke drängen att bli bonde, ingen tager lästen från skomakaren, men för kustbefolkningen, som ärvt rätten till havet, sättas många krokben. De få snart icke föra en vanlig liten kustskonare utan att vara "teoretiker" på navigationens område och dessutom halvt lagkloka män.

Vägen att driva sjöfart kan man icke studera sig till i Lund eller Uppsala, vägen att med framgång driva stora eller små fartyg är i första hand praktik och därefter nödvändiga studier. Om jag jämför norska handelsflottans storslagna utveckling och den svenskas, finner jag, att norrmännen äro ett mera utpräglat kustfolk än svenskarna och att de förstå sig på att inom redarekretsar ge alla en mera praktisk utbildning. Norges handelsflotta är tre till fyra gånger så stor och lika många gånger så modern som den svenska. Vi kunna skryta av att bygga stora och fina fartyg, men tyvärr fattas det något för att bygga sådana till oss själva och i större skala driva dem.

Jag avundas icke norrmännen deras stora tankflotta, ty vi ha haft mycket stora inkomster genom att bygga många av dessa fartyg. Men då vi nu ha så framsynta män inom skeppsbyggeriet, män som praktiserat sig fram på olika större skeppsvarv, vore det då otänkbart att skicka den blivande redaren till sjöss och där få grunden till det kall, som benämnes skeppsredare? I Norge skickas alltid den blivande redaren som ung till sjöss, han skall så att säga lära sig att tänka sjömansmässigt, han skall lära att tänka och handla, som hans underlydande göra. Norrmännen ha med framgång visat, att praktiken icke får åsidosättas för de bokliga kunskaperna.

Sjömanslivet blir mindre och mindre populärt. Man ryckes med och blir så en av alla dessa typiska paragrafryttare och svenska lagtolkare. Arbetet skall utföras enligt paragrafer på sjön, folket skall sköta sig enligt den eller den paragrafen, den intjänta hyran skall utbetalas och viss del skall innestå enligt den eller den paragrafen. Från ingen annan arbetskategori kan arbetsgivaren behålla en del av den arbetsförtjänst, som redan är intjänad, men från sjöfolket går det utmärkt. Sjöfolket eller rättare den del av detsamma, som jag tillhört, har 1938 fortfarande 12 timmars arbetstid till sjöss. Det senare är tyvärr även fallet i många andra nationers fartyg, och myndigheterna tro sig kunna behålla en fullgod sjömansstam på detta sätt. Det är icke tillfyllest, att de ledande inom sjöfarten tala om ett präktigt svenskt sjöfolk. Den delen av sjöfolket, som flackar från båt till båt, göra landet eller redarna inga tjänster, utan snarare tvärtom. Och den dagen, då allt sjöfolk bliva lika dessa, förfaller vår handelsflotta och därmed även vår sjöfart. Därför bör det göras någonting medan tid är. Den svenska kustbon skall uppmuntras, icke stoppas av paragrafer och massor av föreskrifter, detta ligger icke för honom, han är en sådan, som skaffar sig erfarenheter direkt på havet. Mot havet är också kustbon mera danad att kämpa än de många studerande mammas gossar.

Jag skall återgå till ämnet, ty jag har blivit elev i styrmansklass B. vid navigationsskolan i rikets andra stad. Naturligtvis går det trögt. Jag kunde icke vara någon duktig elev, men jag var en skötsam, och det är icke sällan bättre. En dag minns jag synnerligen väl. Då anlände till skolan ingen mindre än Konungen i egen hög person. Han skrev sitt namn på bergväggen, där alla trapporna började och gick därefter som en yngling upp för dessa. Kriget har tagit slut och spanskan tagit vid. Den senare var värst för själva svenska nationen, ty det var tusen och åter tusen, som då fingo offra sina liv.

Naturligtvis hade jag under mitt långa uppehåll i land kontakt med sjöfolk, och på "skolan" fanns ju strängt taget bara sådana. Där diskuterades på rasterna de olika rederiernas för och nackdelar, och då nästan alltid i första hand matfrågan. Göteborgs handelsflotta hade jag redan som barn på mina fem fingrar, och efter ett par år till sjöss kunde jag i regel avgöra, om ett mötande fartyg var göteborgskt eller icke. Vi sjöfolk ha alltid mycket att prata om, och icke sällan lägga vi till en aning här och där, men detta fritager jag mig ifrån i denna berättelse.

En förmögen yngling fick jag bland mina många kamrater i

klassen, ett varnande exempel på, hur "mammas gossar" uppfostras. Redan vid sina unga år hade han hunnit att bliva en slösare och drinkare samt en av den typ, som krossa porslin vid högtidliga tillfällen. När hembiträdet slutade borsta kläderna för gossen och mamma icke lade kragknappen på rätt plats, då var det slut med alla framgångar. Ynglingen var icke efterbliven, men han ställde om, att han blev det. Min mamma var långtifrån någon hårdhjärtad moder, men hon lämnade mig tidigt utan förmaningar. Hon sade endast: "Gör som du vill här i världen, och du har ingen att förebrå något" Att som pojke klara sig själv är bra mycket nyttigare och bra mycket mera värt än att ha ett par föräldrar, som icke förstå guldets förbannelse, utan överösa barnen till undergång av den varan. Guldet är en värdemätare på allt utom på människan.

Min tid som elev vid styrmansklass B har tagit slut. Jag skall försöka avlägga det prov, som kallas examen. Med darrande knäveck står jag framför den sympatiske kommendörkaptenen och inspektören för rikets navigationsskolor. Utan tvivel var detta rätt man på rätt plats. Han hade ett behärskat och värdigt uppträdande och gjorde icke någon nervös. Jag skulle vilja använda ett ord, som pojkar av 1938 använda: Han var "alla tiders". Samarbetet mellan mig och kommendörkaptenen slutade med styrmansexamen för mig. Betyget blev "godkänd" med fyra 7:or och fyra 6:or. Visserligen var detta icke mycket, de flesta andra fingo bra mycket högre betyg, men mera än styrmansexamen fingo de icke.

Dagen efter examen var det fest på Långedrags restaurant. Det voro de nybakade styrmännen från klass B, som svarade för glädjen, vilken var stor. Dock tror jag icke, att festen var så storslagen, att polis Carlsson på Långedrag fick några "gäster" den natten.

Skonaren Sankta Rosa – i stiltje och motström

Solen slutade snart att skina. Jag var utan styrmanspapper, ty jag saknade tre månaders segelskutstid. Att ha en examen utan att i lagens högtidliga namn få använda den gagnar icke stort. Den sjötid jag erhållit på jakten "Selma" räknades icke, trots att detta var enda gången under min sjömansbana, som jag seglat på "egen hand". Nej, "Selma" var ett allt för litet handelsfartyg att få räkna sjötid från, och så seglade den på ett av myndigheterna icke godkänt farvatten.

I detta "maskindrivna" tidevarv var det ej så lätt att skaffa ett lämpligt segelfartyg, Det tog mig också hela två och en halv månad innan jobb kunde erhållas. Men bättre sent än aldrig, och "Santa Rosa'" var namnet på mitt första fartyg efter kriget, och efter den tid jag slitet byxbaken och icke minst hjärnan som navigatör i Göteborg.

"Santa Rosa" var en tremastskonare av "modern" amerikansk typ. Ankarna lättades och seglen sattes med hjälp av motor. Ja, inte ens för hand behövde man pumpa läns skeppet.

När vi lämnade Göteborg med destination Liverpool, hade fred varit rådande i precis ett år, ett underligt fredens år. Svenska handelsflottan förlorade icke mindre än 13 ångare, 2 segelskutor och 118 levnadsglada sjömän genom minor. Ytterligare 10 värnpliktiga sjömän, som omkommo vid vedettbåten "Gunhilds" minsprängning, ökade de många oskyldigas offer och satte skräck i de sjöfarande. Även av flottans folk gingo många bort, när de utövade sin riskfulla tjänst som minsvepare och oskadliggörare av minor.

Krigets efterdyningar voro farliga för oss sjömän. Mellan Skagen och svenska landet var ett synnerligen minspäckat farvatten, och vi på "Santa Rosa" kände oss därför litet säkrare, när det passerats och fartyget stävade ut i Nordsjön. Erkännas måste emellertid, att det var roligt att åter trampa ett rullande fartygsdäck. I land hade det visserligen ej gått någon nöd på mig, och trevnaden hade mina goda släktingar på ett älskvärt sätt sörjt för, men en sjöman längtar trots allt bort från landbacken. Vi sjömän ha liksom nomadfolken avsky för fasta bostäder. Om vi skola trivas, måste vi ständigt förflytta oss och ständigt se något nytt.

"Santa Rosa" fick otur med motiga vindar och mycket på "kryss". Dessa "kryssningar" voro betydligt mera arbetsamma än de jag 15 - 20 år senare hade nöjet att göra ombord i stora passagerarebåtar. Det är med en känsla av lättnad jag numera bara trycker på en knapp för att erhålla havets djup med ljudvågor i stället för handlodlina.

Vår skeppare föredrog vägen norr om England för att komma till Liverpool, som var en "anhalt" på resa till Mexikanska Viken. Väl i närheten av nordspetsen tvingade oss emellertid starka väst- och nordvästliga vindar att vända och försöka vår lycka genom Engelska kanalen. Ingen har så lätt att förbanna väderguden, när han visar sig motig, som vi sjömän. Ingen har heller så lätt att förlåta honom när han visar sig god, ty vi sjöfarande äro allt för mycket beroende av hans krafter. Det var därför med en känsla av lättnad vi vände stäven på "Santa Rosa" mot "kanalen", vi kunde slacka på skoten och med förlig vind styra rätt på vårt tillfälliga mål. Den goda vinden tog oss fort längs Englands östra kust, och snart voro vi utanför "kanalens" östra "inlopp".

Lyckan var emellertid icke heller här den bästa, ty med vindstilla och motström "åkte" vi öster i stället för västöver. Dyningen efter den höga sjön som varit, gjorde att skutan rullade kraftigt, och seglen "klappade" våldsamt och i skoten ryckte det längtansfullt efter mera vind. Vid stillaliggandet pilkade vi med framgång stora torskar, som kokta voro läckerbitar för en bohuspojke.

Vår position började emellertid att bliva dålig eftersom solen icke tittat fram på länge. Annan astronomisk ortbestämning än solen i meridianen vågade sig skepparen icke på, och långt mindre hans hjälpreda, styrmannen.

Efter en vecka i stiltje med tjocka och någon enstaka lätt vindpust, kommo vi i närheten av en holländsk fiskebåt, som anropades av vår skeppare. Den av "landsvägsriddare" gamla beprövade metoden att fråga sig fram, kom väl till pass för vår skeppare.

På landbacken är det ingen skam att fråga efter vägen, men på havet är detta den största vanheder och användes ytterst sällan.

Vi sjömansgrabbar ha bestämda åsikter beträffande vårt befäl. Minst av allt är det sjömansmässigt att fråga efter vägen på havet, och den skeppare, som gör detta, tappar allt förtroende och förnedrar sig själv. Han kan vara en bra karl för övrigt, men passar icke till sitt jobb.

Vår skeppare var en bra man. Om styrmannen kunde emellertid icke sägas något gott. Han röt som ett lejon många gånger för minsta småsak, och ofta undrade man, om han icke var ett med två ben och kläder försett vilddjur. Vi grabbar beklagade hans sätt och utseende, för det förra hade han troligen erhållit det senare. Hans näsa t.ex. hade säkert kolliderat med någon amerikansk polisklubba, och av denna närgångenhet fått sitt till 45 grader uppgående fall åt styrbord.

Äntligen, med hjälp av vägvisarna och god vind kommo vi in i "kanalen", som passerades utan minsta mankemang. "Uppför" Englands västkust gick det bättre och med assistens av en bogserbåt framkommo vi lyckligt, fast icke vidare glada till Liverpool. Som ett blivande befäl svor jag dyrt och heligt på, att icke i minsta avseende likna denna styrmannen.

Två av mina kamrater mönstrade omedelbart av och bekostade sin egen hemresa till Sverige. För min egen del varken kunde eller ville jag detta. Jag hade ju gått ut för att skaffa tre månaders segelskuttid och endast två voro gångna. För övrigt hade jag inte hemlängtan, och strunt den som ger sig. Som havets arbetare ville jag fortsätta och gärna möta besvärligheter, men också gärna litet vänlighet. "Santa Rosa" lämnade jag dock en tid efter ankomsten till Liverpool för att på vinst och förlust skaffa mig ett annat jobb. En sjömanspojk skall aldrig hänga läpp, ett "ordnat öde" ha vi minst av alla. Vi få finna oss i, att på land så väl som på havet bliva satta ur kursen.

Skonerten Elisabeth – vi stjäla ur förrådet

Två veckor efter avmönstringen reste jag över till Cork och påmönstrade ett skonertskepp, som var destinerat till Italien. Skutan som nyss blivit upptagen från havsbottnen, såg med sitt nya segelställ grann ut. Hon bar det vackra namnet "Elisabeth" samt verkade gedigen. Vår last till Italien skulle vi inta i Fowey, en liten plats på Cornwalls sydkust. Vi satte alltså segel och stack över dit. På denna korta resa upptäckte vi emellertid att fartyget läckte betydligt, och att det särskilt var däcket, som masken gått illa åt under tiden hon legat på botten. Bevare mig för att vara skeppare eller skeppsredare och köpa en sådan skuta, ty det måste kallas för dålig affär.

Skepparen vågade icke intaga den väntande lasten, som bestod av ömtålig lera, förrän hela fartyget drivits om och alla maskhålen tätats. Någon slip fanns icke i Fowey, varför vi vid högvatten satte skutan på en strand, och vid lågvatten fingo vi tillfällen att överhala botten. Sättet var billigt och bra, Den enda nackdelen var, att man bara kunde arbeta på en sida av botten i sänder, eftersom hon låg på den andra. Jobbet som drivare och beckare var hårt och smutsigt, men beck och tjära, är ju sedan gammalt en sjömans ära. Huvudsaken var i alla fall, att fartyget blev tätat, så vi sluppo att pumpa allt för mycket, när vi kommo ut på havet.

Sjöfolk från land och från andra i hamnen liggande fartyg träffade vi och hade ett livligt umgänge med. En kväll var det fest, och hela aftonen ansågo vi vara vår. Vår skeppare var dock icke av samma. åsikt, ty han ville ha sitt fartyg förhalat vid 10-taget, då det var högvatten och lämplig tidpunkt. Att vänta till ett vid dagsljus inträffat högvatten var otänkbart. Sådant passar icke en enveten skeppare.

Alltnog, på den nyss omtalade kvällen sammanträffade vi på en bar med några, vilka jag vill beteckna med namnet "sluskar". De drucko på vår bekostnad, och när vi ville gå ombord blevo de ovettiga samt försökte med alla till buds stående medel att stoppa oss kvar. Då vi icke lyssnade till dem utan gingo, följde de med och bråkade.

Vi sjöfolk ha arbetstid mellan midnatt och midnatt både till sjöss och i hamn. Numera är det extra betalt för nattarbete i hamn, men detta var det icke då.

Vi voro alltså på väg till ett arbete, som icke ens belönades med vänlighet, långt mindre med penningar. På den idylliska stadens "huvudgata" sågs inga poliser. En av bråkstakarna använde ett tillhygge för att slå oss "möra", men både han och hans ärade kollegor bedrogo sig storligen. En av mina kamrater gav "han" med tillhygget en hakklämma, så han i slackt tillstånd hamnade i rännstenen. De andra voro fega och flydde slagfältet. På den i rännstenen blev det gap och skrik när han kvicknade till. Han ville påstå, att det var han, som blivit överfallen.

Folk strömmade till. De trodde naturligtvis, att det var några berusade sjömän, som kommit i slagsmål. Detta var emellertid fel. Det var några lätt glada sjömän, som blivit förföljda och på ett lumpet sätt överfallna. Polisen, som blandade sig i saken tog oss i försvar och icke i förvar. Han med tillhygget var av den typen, som förväxlas med sjöfolk och gör ont för dessa. Han åkte in i finkan över natten.

Kalabaliken fördröjde oss, och vid den något försenade ombordkomsten, funno vi skepparen i ett fullkomligt upplösningstillstånd. Vi hunno dock förflytta skutan, innan vattnet föll undan, och när slutet är gott är allt gott.

En vecka senare var "Elisabeth" tät både under och ovan vattenytan. Däcket med alla sina maskhål var emellertid ett mycket sorgligt kapitel. Om jag icke missminner mig, så "lappade" vi ett 60-tal maskätna ställen.

Lasten var snart intagen, och strax före Jul avseglade vi med Genova som mål. Vid denna årstid är Biscayabukten ej att leka med, särskilt med ett litet och djupt nedlastat fartyg av Elisabeths storlek. Ganska snart "leade" hon sig också läck, och det blev därför mest att stå vid pumparna för att inte "segla" nedåt. Sådana resor glömmer man ej så lätt, armarna blevo förlängda av pumpning, och sällan en torr trasa på kroppen. Då vi efter en tre veckors tid lyckades taga oss genom Gibraltarsundet, blev det dock bättre väder, och någon gång tittade solen fram.

En dag var det t.o.m. så vackert, att skepparen tog upp en del möglad proviant för att vädra. Ej sällan förstördes proviant, hellre än att i god tid lämnas över till skansens innevånare. Bland de saker, som lågo till "tork" minns jag särskilt ett par stora ostar. Vid åsynen av dessa, greps jag av den vansinniga idén, att på ärligt sätt skaffa oss en bit. Skepparen, som jag tillfrågade, blev blek av min "fräckhet" och oförskämda begäran." Hade vi icke," sade han, fått ost i förra veckan, och nu begärde vi återigen mera. En stund senare hade vi tagit heder och ära av varandra, men då slängde också skepparen till mig hela den ena osten och sade: "Kom nu för tusan ej tillbaka denna veckan och vill ha ost." Ingen av oss gjorde detta heller, men vi sammangaddade oss och beslöto att nästa gång skulle vi stjäla litet godsaker.

Någon tid efter, när kocken stekte fläsk till befälet, var denna goda lukt så frestande, att vi bestämde oss för att skaffa några bitar. Det för våra näsor så känsliga skepparefläsket skulle anskaffas på ett eller annat sätt. Vi invigde kocken i våra mörka planer, och även han var med på en kupp. Nedgången till förrådet var strax utanför kajutdörren genom en lucka i durken. Det djärva företaget måste utföras när skepparen och styrmannen satt sig vid middagsbordet och kocken serverade varmrätten.

När kajutdörren stängts efter varmrätten, gingo vi till anfall mot luckan, vilken var ganska lätt att öppna till vår stora förvåning. Kocken skramlade litet vårdslöst vid serveringen för att borttaga ljud vid "inbrottet". På några få minuter var vår medförda pyts full av härliga fläckstycken. Det är alltid synd att stjäla, men när magen knorrar efter bättre mat, då tror jag att halva synden förlåtes. Åtminstone kände jag inga samvetsförebråelser.

När vi fått pytsen med det goda innehållet fram i skansen, drogo vi alla en lättnadens suck. Resultat var gott, och den snåle skepparen hade vi lurat. Klockan 12 på natten, när skepparen gick till kojs och styrmannen tog vakten, satte vi igång och stekte fläsk. Vid 1-taget sade jag till styrmannen, att jag ville gå fram i skansen en stund. Styrman sade: "Gör du det, ty av lukten att döma måste det vankas nystekt fläsk där." Stum drog jag mig föröver. Vi voro genomskådade, men glädjande nog var det endast av en man, som unnade oss en godbit extra.

Vi anlände välbehållna till Genova. I skeppsdagboken stod det, att en lastlucka blivit uppslagen av sjön. Det måste bliva sjöförklaring alltså, men det var en enkel sådan, ty endast två av pojkarna blevo anmodade att svära.

136

Genova var en härlig stad, då man tittade på den med 20-åringens oskyldiga ögon, skulle man helst velat stanna där för livet. I det då ännu ej Mussoliniserade Italien var det knappast tänkbart att dricka bara vatten, ty från ett vinupplag fingo vi två pytsar vin varje dag och det räckte en stund. Att vinet vi emottogo troligen var stulet intresserade oss föga. Vi drucko det med nöje som en kompensation för allt som stals från oss. Tjuvens yrke stod högt i det dåtida Italien. Vi, som endast stulit litet fläsk kunde säkert icke ens bliva medborgare i det landet.

En dag stulo de lillbåten från oss. Detta skedde i skymningen och mitt för näsan på oss. Ett par man kommo roende förbi, kapade lillbåtens fånglina och togo den på släp ut genom hamninloppet till en utanför väntande kustskonare. Innan vi hunno att skaffa en annan båt och fått tillkallat polisen, hade mörkret fallit på, och vår lillbåt var försvunnen för alltid.

Genovas alla sevärdheter visade mig en serveringsflicka på "Glashörnan"s bar. Det mesta av allt jag såg har dock försvunnit i minnets dunkla irrgångar, men kvar finnes dock den storslagna och stadsliknande marmorkyrkogården.

Efter några veckors uppehåll i Genova satte vi åter segel och kurs på spanska Ibiza. En förmiddag i mitten av april ankrade vi utanför staden. Det hade blivit vår och vackert väder. Skepparen gick i land för att ordna de vanliga formaliteterna och för att beställa en bogserbåt, som skulle släpa oss in i hamnen. "Gubben" kom tillbaka utan bogserbåt. Den hade han ordnat till kl. 6 e.m. för att icke förhala under arbetstid och därmed tappa en dags arbetsprestation av oss. "Icke för min del," sade jag, hetlevrad och halvt förmögen som jag kände mig, "ty redan i morgon stiger jag av skutan. Ni kan skaffa arbetskraft var Ni vill." Över fyra månader hade jag varit ombord på "Elisabeth" när jag med 750 pesetas på fickan slutade att trampa detta fartygs maskstungna däck.

Barken Janes – med löss, råttor och maskar

Ön var ett litet paradis men där kunde jag icke finna min utkomst. Jag måste söka mig till någon större sjöstad. Till att börja med tog jag en passagerarbåt till Palma på Mallorca, där jag hoppades finna mera sjöfart eftersom staden var större och huvudstad på Balearerna. Men icke heller i Palma hamn låg något lämpligt fartyg. Jag slängde min sjösäck på kajen, gick över till en gatuservering och tog mig ett glas vin samt bestämde mig för att fortsätta till Barcelona. 10 år senare hamnade jag på samma kaj, men jag var då styrman ombord på Sveriges största passagerarångare och var satt att övervaka motorförbindelsen mellan fartyget och land.

I båda fallen gick det bra för mig. Dock var säkerhetskänslan i det senare fallet betydligt större än i det förra. Ingen tager hänsyn till en arbetssökande sjöman, men alla lyssnar gärna på och göra förfrågningar till en i uniform klädd befälsperson. Jag tänkte på detta, när jag stod på samma ställe som tidigare med min sjösäck. Allt var sig likt, utom att jag fått ansvar och gula knappar. Jag kunde icke i denna ställning fara ombord och hämta min sjösäck och giva mig av efter eget gottfinnande. Då jag stod där och reflekterade över livets många sidor och över min tid i skansen, konstaterade jag, att jag aldrig mera skulle få så roligt som när jag "bodde" på det senare stället.

Man var visserligen bunden även då, men när det icke passade längre, så packade man säcken och gav sig av. Man levde fort och fritt. Som vaktbefäl på mitt stora fartyg hade jag lärt behärska mig, och icke ens en svensk grevlig tant, som kom fram och pratade, kunde rubba mitt lugn. Hon talade om hela sin levnad och visade även vilket hus hon bebodde samt slutade med, att hon så gärna ville skicka blommor till den stora ångarens befälhavare. "Vill grevinnan" sade jag, "gå ombord, så ställer jag en motorbåt till grevinnans förfogande." Hon accepterade tacksamt.

Kaptenen och även jag fingo blommor av den vänliga och

pratsamma grevinnan. Ja, sådant är livet, och jag återgår till den gången jag lämnade Palma utan blommor.

En natt varade färden mellan Palma och Barcelona. Morgontimmarna använde jag till omklädsel. Jag ville icke vara välklädd och bliva dömd "guldfisk" vid framkomsten. Det är alltid bra att verka fattig när man träffar slödder av olika slag. Den erfarenheten hade jag tidigare gjort, och nu behövde jag mina sparade pesetas till kommande behov. I Barcelona mindre än någon annanstans får man vara typen för en välklädd sjöman. Nej, där får man icke ens behålla sina skor, om dessa icke äro slitna.

Min klädedräkt, när jag landade i staden, var alltså gammal sliten kostym, öppen skjorta utan krage och ett par mycket snedslitna skor. På magen bar jag i en påse de c:a 700 pesetas i silver jag var ägare till. Papperspenningar äro sällsynta i Spanien. När jag landat och träffade sjöfolk av olika typer, var det heller ingen som ens misstänkte mig vara "guldfisk".

En stackars kamrat minns jag särskilt. Han kom fram och bad mig snällt om penningar. "Varför ber du mig, sade jag?" "Jo, jag har icke sett dig förr här i staden", sade han "och du har säkerligen slantar." "Nej, med penningar är det skralt, men så mycket har jag, att vi båda skola bliva mätta. Kom an, så gå vi och få ett skrovmål." "Vilken båt kommer du från", sade mannen rätt nyfiken. "Å, jag blev akterutseglad från en engelsk båt i Valencia", ljög jag. Och sedan har jag bannemig haft ett litet helsike. Jag har nämligen luffat därifrån och hit. Titta bara på mina snedgångna skor." Det är icke rätt och heller icke lätt att ljuga, men man får icke släppa vem som helst in på livet. Kamraten liksom jag blevo gott mätta, och vi skildes åt nöjda och glada.

Samma dåliga chans var det även här att komma norröver. Ingen enda ångare i hamnen behövde mina tjänster. Men vad skådar mitt sjömansöga! Där hade inkommit och akterförtöjt en svensk bark i hamnen. Mitt fosterländska hjärta klappade säkert 10 slag till per minut vid bara åsynen av den blågula flaggan, som vajade under gaffeln. Skutan bar namnet. "Janes" samt var hemmahörande i Landskrona. När jag väntat en stund på kajen, blev en av pojkarna rodd i land, och denne ansåg jag vara ett lämpligt objekt för en sjömansintervju. "När vi få spannmålslasten, skola vi gå till Island via Ibiza", sade mannen, "och söker du jobb så gå ombord till skepparen och tala med honom."

Några minuter senare stod jag framför kapten Andersson på skutan. Han verkade som skeppare i allmänhet göra, något avvisande. Men då han fick klart för sig, att jag påmönstrade utan att fordra förskott, erbjöd han mig ett matrosjobb på stående fot. Detta var i slutet av april, och i slutet av juni skulle jag inställa mig som värnpliktig vid Kungl. Flottan, vilket jag framhöll för "gubben". Om jag skulle komma en eller ett par veckor försent, ansåg jag ej spela någon roll varför jag med tacksamhet antog den erbjudna platsen. Vid påmönstringen överlämnade jag till svenske konsuln 400 pesetas att sändas till Sverige avsedda att användas under min värnpliktstid.

Dagen efter började jag att jobba ombord, och någon vecka senare styrde vi ut ur hamnen med Ibiza som närmaste mål. Den stackars skepparen hade rätt besvärligt med den besättning han fick i Barcelona. Överhuvudtaget är en på sydlig latitud påmönstrad besättning aldrig fullgod, och varför skepparen väntade att den nu påmönstrade skulle tillhöra undantagen, vet jag verkligen icke. Hela besättningen utgjordes av utlänningar på mitt lilla undantag när. "Skepparen," frågar ni då, "var han icke svensk?" Jo han var säkert en god svensk man. Men han var skåning, alltför framåt och alltför sparsam.

Sjömansödet hade åter fört mig till Ibiza. Samma öde förde mig tillsammans med besättningen på det fartyg jag c:a 3 veckor tidigare lämnat. "Elisabeth" hade länge väntat på last, och samma sak skulle det bliva med oss. Lasten, som bestod av salt, var icke färdig, eller kanske det var något annat fel. I två månader lågo vi och väntade innan de första saltkornen kommo.

I två månader hade vi det med andra ord bra. Skepparens humör påverkades dock av denna eviga väntan på lasten och av ett mindre trevligt uppträdande av några besättningsmän. Styrmannen var icke svensk, och stewarden var en neger från Jamaica. Alla, var och en på sitt sätt, bidrogo att reta skepparen.

50 pesetas och mina bästa landgångsskor lånade jag till en drulle, som försvann för alltid. En gammal bekant till mig, en dansk sjöman vid namn Carl, gick i land i Ibiza, och tillsammans med en spansk flicka övertog han och drev en bar. Flickan, vars namn var Pipeta, gjorde säkert Carl lycklig, om det över huvudtaget går att göra en sjöman detta med fast mark under fötterna. "Svärmodern" till Carl hade en lemonadservering långt uppe på ett berg. Jag gästade henne ofta, ty utsikten över Medelhavet var därifrån rent underbar. Pipetas broder var en rar liten pojk. Han hette Pipeto och talade en skojig skandinaviska, som roade oss ganska mycket.

En underbar spansk flicka träffade jag då och då samt bjöd henne på stadens enda bio. Vid varje möte konvojerades vi emellertid av en moster, som förkläde enligt landets sed. Oskicket med mostern gjorde slut på mitt och flickans sällskap. Strax före vår avgång från Ibiza skickade hon mig som minne en vacker liten dolk och skrev även några rader om kärlek

Ibland och alltid om söndagarna blev det långa promenader på ön, och vi började att känna oss hemmastadda. Alla möjliga upptåg hittade vi på, och en dag voro vi tre grabbar som slogo vad, att inuti en fisksump, som hade formen av en tunna, medelst egen kraft rulla oss själva en viss väglängd. Den, som använde längsta tiden skulle betala kvällens alla utgifter. Jag blev tvåa i tävlingen och fick därför en billig samt även mycket rolig kväll.

En dag upptäckte jag, att några stora härliga s.k. spanska löss med spaderess på ryggen hade hoppat över på mig. Byxor, rock och underkläder kastades överbord, och själv stod jag på huvudet efter. Tillvägagångssättet var effektivt. Jag blev fullständigt befriad från dessa icke ovanliga spanska "husdjur".

Den kamrat, som jag mest sympatiserade med ombord, rymde en natt. Han flyttade sina tillhörigheter ombord på ett fartyg och försvann med detta. Själv började jag bliva rätt betänksam mot den tilltänkta islandsresan. Vi voro nu i slutet av juni och hade fortfarande icke hunnit längre än till Ibiza. Jag funderade åter på att resa över till Barcelona för att antingen skaffa mig en lämplig ångare eller rent av resa hem som passagerare.

Dock blev det icke så, ty en dag började spanjorerna lasta fartyget, och med små korgar plockade de skutan full på ett fåtal dagar. Vi lämnade den härliga ön varifrån jag har många glada minnen och stäva nu västvart hän i Medelhavet.

Stewarden var svart till hudfärgen men han var även ett svart "får", när det gällde att laga mat. Han var helt enkelt ett svin, då han rörde ihop de olika "rätterna" för att icke tala om, när han bakade bröd. Skutan var full av råttor, och dessa höllo stewarden om ryggen. De fingo nämligen husera vilt, och i mjölbingen släppte de massor av små svarta pärlor, som sedan fingo tjänstgöra i stället för korinter.

Detta griseri upptäckte vi snart, och mannen fick därefter sikta mjölet samt blev förbjuden att begagna något slag av korinter. Råttorna voro en ständig källa till missnöje, t.o.m. voro de rackarna uppe i min koj och buro sig illa åt. För min egen del fann jag liksom litet sport i att jaga och döda råttor. Särskilt när det regnat kommo de gärna upp på däck. Troligen voro de törstiga, men jag kom även underfund med, att de rackarna gladde sig mycket åt "färskvattensbaden", som kunde erhållas i fördjupningar i däcket. En råtta minns jag, som tog sin tillflykt till fockriggen. Då hon var betydligt snabbare än mig, måste jag taga henne med list. Jag lurade henne ut på fockrånocken och skakade därefter våldsamt i skotet. Råttan föll överbord men sam till skutsidan för att försöka taga sig upp. Dock misslyckades det. Råttan drunknade och blev en ovanlig godbit för någon haj.

I närheten av Gibraltar var det många och ganska intressanta fiskar. Ofta satt jag nere på "stamstaget" under bogsprötet och väntade på tillfälle att harpunera springare. När jag någon gång lyckades, blev det fest på de härliga filéerna. T.o.m. skepparen i egen hög person gillade mitt arbete att skaffa mat till "huset".

En dag, när jag stod till roders, kom svartingen med en back fläsk från förrådet och skulle gå föröver till "byssan". Då han stannade vid min sida för att säga ett par ord, förvånades jag över de massor av livliga maskar, vilka hade akrobatiska övningar från fläsket. Då jag påpekade vad jag såg och framhöll det oriktiga i att använda sådan mat till människoföda, skrattade den fräcka karlen och sade: "Maskarna skall du icke vara rädd för, de komma aldrig fram på matbordet, ty när fläsket är färdigkokat, så flyta alla maskarna, och det är den lättaste sak i världen att skumma bort dem."

Negerns förklaring lugnade mig en aning, men med kännedom om hans noggrannhet betvivlade jag ej att många hundra maskar redan hade åkt ned i våra magar. I samlad trupp avtågade vi till skepparen med fläsket och undanbad oss vidare servering av den varan. Först tyckte han, att vi bråkade om rena bagateller och lovade att ensam äta upp hela partiet samt på så sätt visa, att det ej hade någon betydelse med mask i maten. Dessa skepparens ord voro emellertid endast svammel. Han såväl som vi åto icke vidare av fläsket. Hur kom det sig då att fläsket blivit fördärvat på kort tid? Den enda förklaringen jag kan giva är, att fläsket, som var torrsaltat, borde ha hängt fritt och ej nedstuvats i ett fat.

Med skutans framfart gick det synnerligen dåligt. Efter en månads seglats hade vi hunnit till höjden av Irland, och där tvingade en västlig storm oss till kursändring. Seglen blåste i trasor, och vi länsade undan ovädret samt uppnådde lyckligt Queenstown på Irland som nödhamn. Redan nu borde jag i c:a en och en halv månad hava utbildats till fosterlandsförsvarare, och jag beslöt mig därför lämna skutan.

Mitt första avmönstringsförsök hos skepparen misslyckades emellertid. Han försökte medelst smicker att få mig till att stanna och framhöll mig som en präktig man, som han inte ville bliva av med för allt smör i Småland. Efter ytterligare ett misslyckat försök packade jag min sjösäck och "steg" av skutan. Ingen skeppare kunde stoppa mig, ty jag var värnpliktig och ville fullgöra denna min skyldighet.

Dagen efter hotade jag skepparen att telegrafiskt rapportera både honom och svenske konsuln för vår minister i London, om jag icke blev avmönstrad. Detta tog skruv. Skepparen meddelade mig, att från honom och svenske konsuln mötte det inget hinder, men det var polisen, som på grund av oroligheter på Irland stoppat min avmönstring.

Med mina från ett långt krig välstämplade pass, satte jag kurs på polisstationen, där jag möttes av stor vänlighet och erhöll det tillstånd, som begärdes. När skepparen fick veta detta, blev han ursinnig och min ställning som präktig man utbyttes mot knölens. Under många och hårda ord från oss båda skedde avräkningen, och skepparen fick lätta på plånboken, för mig och för att skaffa en ny man. Det var det sista som troligen tog honom så hårt. Frånsett allt annat hade resan till Island beräknats till två månader, och då vi hamnade på Irland, var den dubbla tiden gången. Jag kunde icke ha samvete mot någon för mitt beteende. Jag hade icke en dag att förlora. Antingen måste jag börja fullgöra min krigstjänst eller börja studera på min sjökaptensexamen denna höst, ty annars skulle jag förlora ytterligare ett år, innan jag kunde börja segla befäl. För övrigt var kapten Andersson en präktig man. Att han och jag hade olika meningar i det relaterade fallet, är vid sådana tillfällen ej ovanligt, och beträffande missförhållandena med maten, så bar stewarden den största delen av detta ansvar.

Inryckning

Från Queenstown reste jag tåg, båt, tåg, samt slutligen båt igen till Göteborg, som en riktig svensk medborgare bör göra, när han är värnpliktig. Polisen, som granskade, sade: "Ni är sedan förra året värnpliktig, och skall omedelbart inställa eder." "Nej, det är fel", sade jag, "jag är en s.k. B-klassare, men borde ha inställt mig för två månader sedan." "Nåja, vilken klass ni tillhör, så är ni i alla fall en 'lösdrivare', Ni får redan i kväll sätta eder på tåget och avresa till Stockholm."

Som en varm fosterlandsvän hade jag inga avsikter att "knipa" från mina krigiska skyldigheter. I Göteborg ville jag dock gärna stanna några dagar, men jag var rädd att bliva haffad av polisen. Detta hade ju varit rena rama skandalen, och efter en vänlig överläggning med polismannen, lät denne mig också passera med

144

mitt heliga löfte att på egen hand fortsätta till Stockholm. Till flottans station i huvudstaden anlände också dagen efter den försenade vänpliktige 95 202/19 Claesson och anmälde sin ankomst.

Min första kommendering blev: "Sök uppskov, ty den signalkurs ni borde ha varit med, nalkas nu sitt slut." Jag sökte uppskov ytterligare ett år för att läsa till sjökapten. Då Kungl. flottan icke gärna kunde arrangera en särskild signalkurs för mig, ansåg jag, att detta var en fördel även för denna. Säkerligen delade kompanichefen i Stockholm denna åsikt, ty han gav mig permission i 14 dagar för att ordna uppskovet samt sade, att jag kunde börja och läsa på min examen.

En till Konungen ställd skrivelse om uppskov undertecknade jag samt reste tillbaka till Göteborg. En släkting till mig skrev också några rader och bifogade den nådiga anhållan för att påskynda bifallet. Jag citerar följande ur denna skrivelse: "Undertecknad garanterar för höstterminen 1920 och vårterminen 1921 fri bostad, fri kost och tvätt m.m. åt styrmannen Carl-Otto Claesson. Dessutom förbinder jag mig att betala alla skolomkostnaderna för hans genomgående av sjökaptensklassen vid Göteborgs navigationsskola. Detta mitt erbjudande gäller bara för de ovan omtalade terminerna, då jag för nästa läsår redan bortlovat rummet jämte inackordering åt annan studerande."

Den sista meningen var nog endast "peppar", för att pressa fram ett bifall snarast. Själv grät jag i glädje över skrivelsens vackra innehåll, men samma lättrördhet hade icke de ledande Herrarna, ty när min uppskovsanhållan återkom, stod det på flera ställen: "Kan ej bifallas" och "Avstyrkes". Man är tvingad, att se på en sådan avslagshandling med humor. Tänk, att en von Krusenstierna, en Angelin, en Palmstierna, en Lybeck, en Dyrssen och en von Arbin hade sysselsatt sina hjärnor med, om värnpliktig Claesson skulle fullgöra sina fosterlandsskyldigheter år 1920 eller 1921. Nu hade jag papper undertecknat av alla de ovan nämnda höga Herrarna, att jag omedelbart skulle inställa mig eller underförstått krypa i "buren".

Överheten bär icke svärdet förgäves, och i min välsittande spanska sommarkostym, reste jag åter till Skeppsholmen i Stockholm. Jag föredrog min kommendering till sjömansklädd krigsman, som skulle frukta Gud och ärligt vandra. Efter att blåkragen kommit på kunde ingen misstaga sig på personen. I kronans kläder kände jag mig dock lika bortkommen till att börja med som en konfirmand, vilken erhåller långbyxor för första gången. Liksom konfirmander alltid tilldelas en psalmbok, begåvades jag nu med den obligatoriska "kaninbibeln". Mina civila kläder langades ned i en gammal säck. Jag skulle snarast möjligt hämta min biljett och avresa till Karlskrona, där jag skulle erhålla grunderna till min militäriska utbildning.

Redan på min första dag som krigsman, tror jag, att jag sade mitt nummer och namn minst ett 50-tal gånger. När äntligen det hela var klart och min biljett var utskriven, undrade en man med befogenhet, om jag på egen hand kunde taga mig ned till Centralen. Jag sade: "I flera år har jag tagit mig fram både här och där, och skulle jag gå bort mig i min egen huvudstad, vore jag ej värd att kallas sjöman."

Nej, det var icke så han med befogenheten menade. Han menade, att jag kunde möta befäl, som ej godtogo min ännu icke inövade "honnör. Han kunde få en rapport på halsen för min skuld. "Vi skicka allt en 'löpare' med till stationen", sade mannen. Claesson förstår, att man alltid är sig själv närmast." Allt detta visste jag förut. Men att man som nyvorden krigare lindades i bomull var för mig främmande. Man var alltså som nyinryckt tvingad till "konvoj" men tacksam, som jag alltid är för sällskap. visade jag mig från "solsidan".

En B-klassare i Karlskrona

När tåget satte igång, stod min krigiska hjälpreda och beskyddare kvar på perrongen och vinkade. Jag fick klädd i flottans uniform åka tåg utan att någon höll mig i handen. Hur skulle det gå, om jag nu träffade något befäl? Nåja, detta funderade jag ej länge på, ty jag intog det horisontala plan, som sofforna i en järnvägskupé utgöra.

När jag åter vaknade till liv, satt på motsatta soffan en trevlig "kurre". Han sade sig vara småländsk hemmansägare och starkt fosterländsk, och han undrade, huru jag kunde sova gott på en hård och skakande soffa. "Ni förstår", sade jag, "att mitt yrke är sjömannens, och på havet bliver man ej bortskämd. Vi hava icke rätt till 'landkrabbans' behagliga liggplatser och få vänja oss vid hårda kojbottnar. Annars passa vi ej till vårt jobb." "Huru länge har HAN varit värvad", frågade mannen mig."

"Jag är ej fast anställd vid krigsmakten. Jag är nästan en vanlig basse. Det blågula bandet betyder endast, att jag avlagt styrmansexamen. Jag tillhör den s.k. B-klassen som värnpliktig, en särklass för alla, som avlagt vissa kompetensprov. Med styrmansexamen skall jag få en förlängd och något bättre utbildning än vanliga 'bassar'."

"Å, är HAN västkustbo", sade hemmansägaren. Då får HAN berätta litet om stora fiskar, som finns på den kusten". "På 1870-talet", började jag min berättelse, "gick det en fisk på land i Onsala. Den var så stor, att det fanns kaffeservering inuti den." Tvivlande sade lantmannen: "Den kunde väl inte gå på land?". "Nej", sade jag, "den blev vinddriven, strandade i en fjord och bärgades." "Jaså", sade min vän, "men det där med kaffeserveringen ljuger HAN allt". "Nej, det gör jag visst icke", sade jag, "för min mamma har berättat, att när valfisken, bärgats och införts till Göteborg, var det servering i valens innandöme, och jag tror att privata "parties" kunde hyra valen för danstillställningar o.d. Det sista är jag dock icke säker på, för det har mamma icke sagt."

Har HAN själv sett denna jättefisk?", blev nästa fråga. "Om jag har? Det var den första verkliga sevärdheten jag på egen hand sett som vuxen, Den hade då kommit på museum." "Var det fortfarande kaffeservering i valen när HAN var där?" "Nej, det var det icke, ty när jag frågade en vaktmästare i valen efter ingången till kafféet, så sade han, att detta var stängt på grund av kaffebrist. Jag trodde honom, för han såg snäll ut, och dessutom var det tämligen troligt, ty det var under kriget." När bonden en station för sent steg av tåget, hade han fått ytterligare ett par små berättelser till livs och var verkligt glad att ha träffat en västkustbo med fiskkännedom.

Då tåget äntligen stannade i Karlskrona, som jag här av vana kommer att kalla "Kakan", kände jag det dryga ansvar, som åvilade mig i honnörsavseende. Namnet bör icke tagas som ett öknamn utan snarare som ett vackert smeknamn med bismak av litet mat.

Från järnvägsstationen i "Kakan" ställde jag mina redan något militäriska steg till flottans kasern, som skulle bliva mitt tillfälliga hem. Det är alltid mycket noga när man anländer till en militärförläggning klädd i uniform. Man skall rapportera sig närvarande, och man skall få order.

Allt detta utförde jag oklanderligt, fast jag måste erkänna, att jag kände mig en smula bortkommen och ännu mera förvånad när den första ordern kom. Den löd nämligen: "HAN får gå till lösdrivarelogementet, och lägga sig tills beväringskompaniet öppnas. Men HAN får akta sig för dom stjäl djädrit där. Ibland kommer det bort hela sjösäckar."

Tänk så uppmuntrande. Att inkvarteras med kamrater, som stal hela utrustningar, det opponerade jag mig mot. Men då fick jag till svar: "HAN behöver ej ligga där så länge. HAN får nog ett annat logement sedan." Nåja, det är alltid nöjsamt att hoppas på något.

En vacker dag flyttade jag med mina grejor in på ett logement där kamraterna icke stämplades såsom osäkra. Mina till ett 20-tal uppgående beväringskamrater i B-klassen voro redan vid min ankomst gamla "kommissgastar som med "kilade brallor", "lösfusk" (privata blåkragar) och civila mössor svängde bland stadens vackra flickor. Flera av mina "klasskamrater" kände jag sedan tidigare, men många var främlingar för mig. En synnerligen god kamrat fick jag i en kalmarpojk. Han liksom jag var B-klassare därtill även "lösdrivare". Man skulle nästan kunnat kalla honom för en extra fin sådan. Han placerades nämligen på Stumholmen i åtta dagar innan han var betrodd att börja sin "tjänstgöring" som värnpliktig.

Värnpliktige 95 202/1919 Claesson fäste sig vid goda och dåliga exempel på befälsföring.

Namnet på denna holme talar sitt dystra språk. Min vän var anställd på en ångare, som kom till en norrlandshamn för att lasta, och naturligtvis skulle han som värnpliktig ha rest direkt till "Kakan" så fort fartyget var förtöjt. Nu hade han ej gjort detta. Han tyckte, att en lång och besvärlig tågresa var onödig. Han sparade

149

för Kronan och följde med ångaren till Helsingborgs redd, varifrån han för en billig slant tog sig över till "Kakan". Straffet var alltför hårt, och inte värvar man fosterlandsförsvarare på ett sådant sätt. När Kalmarbon kom ut igen, så togo vi skadan igen. Vi skrattade åt allt. Vi sågo allt från den glada sidan. En krigare skall aldrig ha tråkigt. Då tappar han sugen och bliver en förrädare i istället för en försvarare. Vår instruktör var en klämmig underofficer, som bar namnet Johansson. Grad och förnamn har jag tyvärr glömt bort. Han förstod oss. Han satte värde på oss. Han var aldrig smågnatig och var därför uppskattad. Vi kunde som sjömän tala till honom på sjömäns vis. En löjtnant i gymnastiken gick däremot och petade på oss med en ridpiska eller något liknande. Han spelade allt för mycket överklassare för att vara gillad av beväringar. Nåja, ridpiskan kom bort och det var ganska snart. Fånigheter skall man icke tillåta. Icke ens som simpel beväringsman.

Vecka efter vecka gingo. För flottan voro vännen från Kalmar och jag onödiga och synnerligen dyrbara. Vi skulle med största sannolikhet fått bättre erfarenhet om uppskov beviljats oss båda. Nu voro vi tvära, och sanning att säga hade flottan inte stor nytta av oss. De "ledande" visste inte vad ett par "lösdrivare" av vår årgång borde sysselsätts med. Det eviga klackvändandet på kaserngården tråkade ut oss och de vi närmaste sorterade under. Även mulnade det då och då, när icke lämpliga officerare eller underofficerare fingo hand om oss. Det fanns sådana, fast jag får säga att som regel voro allt befäl rättvisa. Rättvisa består icke i makt utan snarare i smidighet, som när "åskan går" icke får övergå till feghet, ty då tappar befälet sin auktoritet, och alla parter bliva lidande.

Befäl och manskap måste finnas. Dock är det som regel på de förras ohyfsade uppträdanden mot underlydande som bråk uppstår. Med maktbegäret som enda rättsmedel är det mest tråkiga saker som följa. Vill man vara människa, så skall man vara det mot alla. Man skall hellre förlåta än döma. Den felande ångrar sig och den andra parten får inget att ångra.

Livet på kasern verkade en aning för mycket fängelse. 14 dagar skulle jag gå och lära mig göra honnör, innan jag fick rättigheten att gå ut på staden. Var det rätt att en vapenför svensk skulle spärras in som förbrytare och vaktas? Jag lärde mig aldrig att göra honnör på ett passande sätt. Min högra hand var sönderskjuten, och fingrarna äro krokiga. I snart 20 år efter min värnplikt har jag emellertid utan anmärkning givit honnör åt kungligheter av alla grader, åt diplomater, grevar och miljonärer, åt främmande guvernörer och höga militärer.

Jag skubbade efter erhållen frihet uppför Drottninggatan, och därefter tog jag en gir 90 grader år vänster och kom in på Ronnebygatan, det s.k. ströget. Med taktfasta steg och god militärisk hållning enligt egen storvulen åsikt, vandrade jag "ströget" upp och ned tre gånger, och lyckades även utan anmärkningar möta samt salutera de till mellan 50 och 100 uppgående "honnörsberättigade".

Stolt och med tjuvpojkens lätta suck när all fara är över, stannade jag övermodigt bortemot gatans västra ända för att vila min högra arm ett tag. Men övermod straffar sig. På andra sidan gatan kom ett med mager gradbeteckning försett befäl, som jag ej i tid observerade, och satte kursen rakt på mig. Jag var observerad, och blixtsnabbt for mina krokiga fingrar till mössan. Men trots detta åkte jag fast. "Varför hälsar icke beväringsmannen?", sade främlingen i en ton, som ej kunde missförstås.

Under stram "giv akt" förklarade jag, att jag ej lagt märke till honom, när han var på andra sidan gatan. Då sade han: "Står ni på gatan och sover, eller ser ni dåligt eller vill ni inte se?" "Ingendera löjtnant", sade jag till honom, som egentligen var fänrik eller ännu lägre, av den smala galonen att döma. "Passa eder till en annan gång", sade mannen med en min, som talade om en mycket allvarlig förseelse. "Nästa gång skall jag skriva rapport. Lägg det på hjärtat." "Tack det var snällt," mumlade jag, under det att mina känslor för fosterlandet föllo några grader. Ett par beväringsmän rusade fram sedan ynglingen gått och frågade mig: "Var "kulen" dum mot dig eller vad ville han?" "Nej, han bara "tiggde" en honnör, och det fick han, och jag fick löfte om en rapport till nästa sammanträffande, om jag ej såg honom i tid!"

Jag bjöd de två beväringsmännen på "Storkällaren" för deras vänliga deltagande och vi gjorde oss en riktig trevlig kväll. Där satt två käcka löjtnanter, iklädda damer, som fingo sig ett gott skratt, när jag passerade deras bord. Jag ställde mig nämligen icke "giv akt", utan som icke van militär bugade jag mig istället. Det hela borde ha resulterat i en rapport om officerarna hade varit lika kitsliga som tidigare "ynglingen" ute på gatan. Men de voro ej av den typen tjänstemän som "drogo" tjänsten med sig på gatan och på restauranter. De voro rätt och slätt ett par mänskliga officerare.

Kalmarbon och jag funno varandra allt mera, och vi beslöto, att se allt genom humorns glasögon. En dag t.ex, på kaserngården, stodo vi uppställda på "led", innan vi fingo tillträde till matsalen. Då tiden alltid blev lång, fingo vi för oss en dag att kasta "prick" på en lyktstolpe.

Ett befäl, som allmänt kallades för "Fylleslaget", upptäckte vårt barnsliga förehavande och noterade nummer och namn på ett par stycken. Noteringen gick emellertid ej så lättvindigt. Två av beväringsmännen gåvo nämligen bara sitt namn och räckte därefter sina mössor till "Fylleslaget" med orden: "Du kan själv läsa numren i mössorna!" Beväringsmännen dömdes till vardera 14 dagars stumholmsvistelse för smädligt yttrande till "förman" framför trupp.

Endast några dagar senare var det min tur. Man skulle äta på kommando och fick icke kasta sig över läckerheterna hur som helst. Bordsbön och ordning och reda skulle det vara. För det sista svarade vakthavande officeren, när han kommenderade "giv akt" och skrymtaktigt böjde sitt huvud till bön. Många hundra beväringar och stamanställda hörde slött på under det att deras händer famlade efter "skaffningsverktygen" för att göra klart att inmundiga måltiden. Vederbörande befäl måste ha vetat om detta förarbete, ty icke sällan hörde man misstänkta ljud från än det ena och än det andra bordet.

Det var under en sådan bön och under ett smygförsök att skala några potatis, som jag åkte fast. Löjtnanten, som efter bönen kom fram till mig, hade upptäckt mitt lilla förarbete. Han röt:

"Håller beväringsmannen på att skala potatis när jag läser bordsbönen?" "Ja, löjtnant, jag erkänner och mottager mitt straff." 14 dagars "lasse" var följderna av denna min potatisskalning. Jag sonade glad i hågen mitt straff iklädd vita lassebyxor. Många gånger senare undrade jag om Herr kasernbefälhavaren och officerarna själva läste bordsbön och stodo "givakt" före sina måltider. Enligt min åsikt var detta bordsläsande ett skrymteri mot all slags religion. Jag har full respekt för bönen och för religionen, men icke på kommando under stränga militäriska former.

Mitt permissionsförbud gick ganska fort. Man sprang och yrade på kaserngården. Det enda egentliga obehaget var, att vederbörande dagligen blåste uppställning för "Lassarna", och då fick man passa på. Annars kunde det bliva ytterligare en rapport.

Att vara iklädd vita byxor och att ha "lasse" hade den stora fördelen med sig, att man blev vän med "gårdens" enda hund, som bar namnet "Stina" och som ägdes av köksdepartementets chef. Stina, som var militäriskt uppfostrad, förstod sig väl på gradbeteckningar, men trots detta tog hon ingen hänsyn till de vita byxorna utan umgicks snarare förtroligare med bärare av sådana. Hon visste att dessa icke fingo gå på staden och därför voro stabila "lekkamrater".

Stina var sjömilitär och tyckte icke om att se "knekt" och civilklädda på gården, ty sådana ville icke flottans manskap eller befäl ha något med att göra. Stina kunde leka med vem som helst i sjömanskåren, men hon tog icke order av annat än officerare, underofficerare och möjligen "kompetentare", korpraler med underofficersexamen. Dag efter dag försökte min enkla person att få Stina till att hämta kastade stenar, men det gick icke. Stina tittade på mig synnerligen medlidsamt och undrade, om jag icke visste min ställning, som vanlig "basse". Stina var en mycket klok hund, ty om en "kompetentare" kastade en sten, så gick hon och hämtade den. Var det en underofficer som gjorde samma sak, blev farten något högre och var det en officer, då sprang hon efter stenar så dammet yrde.

Tiden flydde raskt iväg, och jag vantrivdes icke i "Kakan" när jag väl vant mig vid livet där. Jag lärde att uppskatta "Kakan" som mycket god. I glada kamraters och flickors lag var staden och särskilt dess omgivningar ett sjömannens paradis. Griniga honnörsberättigade seglade jag förbi med en fräckhet, som lärts av mina kamrater från "lösdrivarelogementet", de som man icke skulle lita på. Ofta gjorde vi utmarscher åt Wämmöhållet till, och ofta voro dessa besvärliga och icke litet arbetsamma, men under månget gott befäls ledning fann jag dem nöjsamma, ty vi fingo sjunga, vi fingo röka efter vi passerat järnvägsstationen och kommit ut i det "fria". Att vara i det gröna och känna sig fri är underbart för en beväringsman, som av många icke anses vara berättigad till någon frihet i praktiken eller i tankarna.

En fimp bakom örat

Jag har lämnat lösdrivarelogementet och har flyttat in i ett annat, som en viss men icke vis löjtnant varje afton inspekterar. Jag minns väl hans namn och jag har ännu kvar hans blick. Han kunde icke ens titta civilt. Hans blick var endast stirrande militärisk, och det luktade militär av honom. Han gladde icke vid sina order någon, och särskilt hade han ett gott öga till mig. En dag stodo vi uppställda strax före vi skulle gå till kojs.

Löjtnanten satte rak kurs på mig. För hans skarpa blick stod jag emellertid pall. Så kom urladdningen i rytande form när han sade: "Vad har ni bakom örat beväringsman?" "Löjtnant", svarade jag, "det är min enda cigarettfimp. Den skall jag ha i morgon när jag vaknar." "Ni skall så tusan," sade den mänskohatande officeren, och med en knäpp av hans högra pekfinger åkte min "fimp" tvärs över logementet samt hamna bland "rök och damm" i en av logementets hörnor. Naturligtvis var det opassande med en cigarettfimp bakom örat vid en inspektion, men löjtnantens sätt var synnerligen retfullt.

En tid efter denna händelse blev jag beordrad att tjänstgöra som s.k. logementskorpral. Sysslan bestod i att vara ordningsman på "luckan", och vid vakthavande officerens order och ronder på kvällarna ställa upp "gossarna" samt avlämna: "Alla närvarande". Som hjälpreda hade logementskorpralen en s.k. logementsvakt, vilken skulle utföra alla grovgöromål En kväll, när alla voro permitterade, anhöll även logementsvakten att få gå. "Du kan gå", sade jag då, "jag är stolt över att ha kommit i en ställning där jag kan göra folk tjänster."

En stund senare kom den vänlige löjtnanten på inspektion. Jag flög upp i "giv akt"-ställning och sade: "Löjtnant! Ingen närvarande." "Men var är logementsvakten?", sade löjtnanten. "Den, den har jag i egenskap av förman permitterat." "Det var det fräckaste jag hört", sade löjtnanten. "Å, visst inte löjtnant. Den kvällen när min cigarettfimp åkte för löjtnantens pekfinger, förstod jag att fräckhet ej kunde vara stor nog, när man är klädd i flottans uniform." Löjtnanten gick, och för mitt egenmäktiga förfarande blev det icke ens den vanliga lilla rapporten.

Bland många jobb under min "kakatid" må jag notera båtrodden med rekryter som ett av de allra trevligaste. Vänner fann jag för livet bland dessa nyinryckta. Jag lärde dem att ro, och jag visade, att detta mycket väl kunde gå för sig utan militäriskt gap och skrik.

Men så en dag kom det en konstapel av 3:dje graden. Han gillade troligen icke mina metoder, ty han beordrade mig att medfölja i sin båt som aktersta man om babord, roddare istället för instruktör. Jag som var född med åran i hand hade inget av den konsten att lära vid Kungl. flottan. Hade det icke legat förakt i konstapelns order, hade jag säkerligen satt mig vid åran och rott trots att pojkarna utan tvivel helst ville ro under mitt befäl.

"Konstapel", sade jag i stället, "jag har kommit hit för att lära andra att ro och icke för att lära mig själv." För mitt svar blev jag kallad till beväringskompaniet och fick av chefen en skarp varning men slapp senare all rodd. Jag blev nämligen "befälhavare" på en ångslup. Troligen tillhörde båten "Fylgia", ty vi hämtade den på detta fartyg, som då låg på varvet.

Löjtnanten, som lämnade ut båten sade: "Kan Claesson köra ångslup?" Något förvånad sade jag: "Det vet jag ej löjtnant, ty i det civila livet ha vi inga ångslupar, men jag kan väl göra en liten uppvisning i min 'konst'." Löjtnanten, som hade glimten i ögat, sade: "Nej, Claesson uppvisningen skall jag göra, och så ser Claesson, huru vi vilja ha det här i flottan." Löjtnanten tog alltså själv i egen hög person rodret, och uppvisningen tog sin början. Det blev ingen större succé. Ångslupen dunkade i kajen vid "Kungstrappen", så att maskinisten, gasten och jag voro nära att falla överbord. Småskrattande sade löjtnanten: "Claesson tag rodret, men gör inga sådana flotta tilläggningar som denna. Det var nog för lång tid sedan jag var ångslupsstyrare." Något senare körde jag med rätt god fart på en fallrepstrappa tillhörande ett av flottans fartyg. Den ovan omtalade löjtnanten råkade åse händelsen, samt utbrast icke utan skadeglädje: "Claesson, den manövern var icke så olik min, och jag som förbjöd Claesson att ta' efter!"

En dag fick jag order att släpa ett mål mot vilket besättningen på en stilaliggande jagare skulle skjuta. Det hela var ganska intressant, och jag tyckte mig börja göra nytta för min dagliga inkomst av 50 öre. Även började jag förstå, att en så framstående värnpliktig knappast kunde avvaras i Kungl. flottan. Vem i Herrans namn skulle t.ex. nu ha vågat släpa detta målet? Kulorna veno om öronen på mig och "min" besättning omedelbart efter starten, men som väl var voro dessa icke stora, ty det siktades endast med jagarens "jättekanon" och från dess innandöme kom det bara små karbinkulor. Det hela var ett "triksigt" sätt att lära skjuta med kanon, för att ej tala om huru billigt det måste ha varit. Dock var denna speciella besättning ej något vidare tränade "gunmän".

Jag började efter en stund rent av att misstänka, att de förväxlade ångslupen och målet, ty strax akter om oss hamnade den ena kulan efter den andra. Men spänningen nådde sin höjdpunkt, när jag i botten av båten först fick höra och sedan se en roterande kula. Det rådde inget tvivel, ansåg jag, de skojarna togo oss för målet. Jag gav ögonblickligen order att kapa släplinan för att fly. Vi voro ju beskjutna. Med den hoppande och snurrande kulan i båtens botten satte vi full fart och lämnade det snart stillaliggande målet, som troligen då träffades av jagarbesättningen.

Efter en stund lugnade vi oss, och kulan slutade att "sprattla" i botten av ångslupen, varför jag tog upp och studerade den.. Antagligen hade den studsat på vattnet och som vilsekommen hamnat hos oss. Naturligtvis begagnade icke våra landsmän oss som mål med berått mod, men jag fick en dålig uppfattning om våra sjömäns skjutskicklighet. Då vi med ångslupen efter en stund anlände till jagaren, tog som väntat chefen emot oss med förebråelser. Jag fick i egenskap av båtens befälhavare en tillsägelse att aldrig handla på det nyss beskrivna sättet. "Jag kunde ju," sade han, "rent av bliva ansedd och behandlad som myterist." Men chefen var man. När jag halade fram min kula och visade den, sade han: "Är Claesson förbannad. Ha vi skjutit på er? Ja, det kan gå så ibland även när träffsäkra svenska krigare skjuta." "Vi förlänga släplinan", sade han vidare, "och då försvinner all risk för påhälsningar av roterande och närgångna kulor." Chefen vann min högaktning. Jag skulle ha släpat mål hela min värnpliktstid, om han kunde erhålla anslag och tillstånd att skjuta.

Det fanns trevligt befäl både bland officerare och underofficerare. Dock låg som mycket god "etta" en ung fänrik, som bar namnet Sanderos. Jag hade äran några gånger att stå under hans befäl. Sanderos stämma var så mild, att den trängde rätt in i mitt civila bohuslänska hjärta. Ögonen kunde endast utstråla godhet. Detta tillsammans med hans alltid glada ansiktsuttryck gjorde mannen till min idol. Jag ville bli lik honom, när jag senare själv fick besvär med underlydande.

Naturligtvis fanns det i en militärstad som "Kakan" en massa fånigheter, som borde försvinna för att värnpliktiga krigare skulle trivas bättre. Vad säger ni t.ex. om detta mitt lilla minne? Två beväringsmän och jag skulle en afton gå på en enkel sylta, som var belägen vid Stortorget och allmänt kallades för "Beskan". Jag med det blågula B-klassaremärket på armen hade tillträde, men de andra två fosterlandsförsvararna blevo visade till utgångsdörren. Då jag skarpt frågade "utkastaren" vad som menades, och om Kungl. flottans personal var uppdelad i grupper att äta och dricka på de olika restauranterna, svarade han endast: "Här serveras av be-

157

väringar endast s.k. studentbeväringar, och av den fasta sjömanskåren får ingen komma in, som ej är första klass sjöman eller högre."

Själva ordet studentbeväring kväljde mig en aning, men trots detta bes1öt jag mig för att göra mina två kamrater till studentbeväringar fortare än kvickt. Jag var nämligen utrustad med en uppsättning blågula studentsnören, och det enda som fattades var nål och tråd. Sådana anskaffades i hast, och under tiden omtalade jag för mitt samvete, att handlingssättet icke var orätt. Det var ju endast att kringgå fåniga bestämmelser. Snart voro de två beväringarna försedda med studentsnören, och därefter voro vi även på "Beskan" bra karlar alla tre. Livet är fullt av småaktigheter och sådana voro i "Kakan" kraftigt utbredda.

Beväringens liv har goda sidor men även många avigsidor, t.ex. den ekonomiska. Många, kanske de flesta, ha inga mammor och pappor, som kunna skicka pengar. Det gäller då att skaffa guldet på andra och kanske icke alltid raka vägar. Pantbanken är det mest vanliga stället. Där finnes alltid möjligheter att skaffa för en kväll nödigt kapital.

Men andra vägar finnas för en strandsatt kommisgast. Han säljer icke sällan både sina egna och andras ägodelar. Han har rätt att göra detta med den skriande underbetalningen. Det affäras mycket med kläder i Kungl. Flottan, nummer och märken åka först från persedlarna och sedan är det ingen konst att sälja. Kronans kläder voro lika begärligt lättsålda som senare Kreugers värdepapper. Jag förstod alla blåkragar med dålig ekonomi. Jag rent av beundrade dem för alla sätt de uppfunno för att skaffa pengar.

Portkorpral i Stockholm

I fyra och en halv månad hade jag trampat "Kakans" gator, då jag som krigaresjöman återvände till "min" station i Stockholm. I "Kakan" hade jag fått en kroppslig utbildning på både gott och ont. Skräcken för honnörsberättigat befäl hade totalt försvunnit, och då jag på egen hand vandrade från stationen till Skeppsholmen, skulle jag ej ha fruktat möte med H.K.H. i egen hög person.

158

Jag fruktade som sagt ingen, men jag hade lärt mig att hysa aktning för många och förakt för en del.

Vid ankomsten till Skeppsholmen blev jag s.k. portkorpral i ettans kasern. Tjänsten var maklig och bestod i att öppna och stänga porten samt släppa in "krigare" en gång i halvtimman på förnatten. Order, kontraorder och sådana order, som ej skulle lydas, fick jag av kasernunderofficeren. Mystiken i min nya befattning var uppenbar. Jag fick ha en påtaglig smidighet för att klara mig. Jag måste se genom fingrarna när grabbarna plankade över bakgården, ty det viktigaste av allt var, att de icke kommo in den rätta vägen. En gång i halvtimman var det stränga order att porten skulle öppnas, och alla som kommo på andra tider fingo "planka".

En kväll halvlåg jag på den koj, som var avsedd för portkorpralen. Det ringde på portklockan, och jag gav tusan i att öppna. Det ringde en gång till, men heller icke denna signal kunde beveka mitt nitiska krigarehjärta. Jag hade mina tydliga order, och alla som ringde på fel tid fingo planka om de ville in. Ofta ringde en del av mina fräckaste "hyresgäster" hur som helst, och jag trodde nu, att det var en av dessa.

Då jag icke öppnade på den andra signalen hörde jag strax därefter en våldsam knackning på "mitt" fönster, som låg en knapp manshöjd ovan marken. Jag förstod, att knackningen icke kom från någon av mina "hyresgäster". Den var alltför kraftig och alltför militärisk för detta. "Sover ni karl", hörde jag dessutom någon ropa, "eller är det den vanliga historien? Har ni fruntimmer därinne?"

Uppskakad av vrede rullade jag upp gardinen öppnade fönstret samt bad mannen, en befälsperson, att stiga in genom detta för att kontrollera sina beskyllningar. Två argsinniga svenska krigare möttes alltså i den sena kvällstimman. Den ene stod utanför och röt: "Öppna porten": Den andra satte sig ned innanför och väste: "När klockan bliver halv tolv öppnas den enligt order." "Dessa order har JAG givit, men för mig skall ni öppna när fan som helst. Förstår ni icke det karl?" "Å, är det på det sättet, så får jag släppa in er. En kontraorder från eder skall ju också lydas."

När mannen kommit innanför dörren, sade han: "Vet icke korpralen vem jag är?" "Nej, och det intresserar mig heller icke". "Ni kommer att bliva rapporterad i morgon. Har Ni icke haft fruntimmer här, så har ni haft sprit. JAG skall undersöka rummet!" Elakt ursinnig vände jag upp och ned på kojen och allt övrigt i möblemanget samt visade mannen att det icke fanns så mycket som en tom ölflaska i hela rummet eller något som kunde misstänkas ha tillhört ett utfluget flickebarn.

"Nåja", sade min nattliga gäst, "inga bevis, men jag kommer i alla fall att rapportera honom för HAN icke släppte in mig; med detsamma. " "Det gör ni rätt i", sade jag, "så har Ni sysselsättning den stunden, och jag känner mig icke orolig för en rapport."

Några dagar senare hade värnpliktig 95 202/19 Claesson att svara för en i milda ordalag skriven rapport, så välsignat litet "pepprad", att jag icke fick något straff eller ens varning. Efter den nattliga "duellen" med den obekante befälspersonen var jag icke samma nitiska portkorpral som tidigare. Fortfarande fick en och annan "hyresgäst" planka över staketet på bakgården, men detta var strängt taget onödigt och skedde av välvilja för att icke "störa" mig om jag vilade.

I mitt jobb som portkorpral ingick att var tredje dag tåga ut till Garnisonssjukhuset med obetydligt sjuka "krigare". Samma antal sjuklingar som jag "emottog" vid högvakten skulle också återställas där, om jag icke fick kvitto på, att någon eller några finge kvarstanna på sjukhuset. Jobbet som portkorpral tog emellertid ett hastigt slut. Jag blev sjökommenderad utan varsel. Som alltid gillade jag att flytta på mig ett tag. På H.M. Claes Horn skulle jag fortsätta min "krigiska" utbildning.

H.M. Claes Horn – med damer i båt

Min värnpliktstid hade hittills varit mindre lyckad. Var det för att visa sin makt, som de "höga herrarna" icke kunde bevilja min uppskovsansökan, så hade de lyckats, men var det för att utbilda en god krigare med funktion att försvara sitt fosterland, så var det synnerligen misslyckat.

Jag var missnöjd med tvånget från starten. Jag var missnöjd över att känna mig överflödig när min värnplikt så lätt kunnat förskjutas på ett år. Men nu skulle det ske. Jag skulle ut med ett av flottans fartyg och lära mig något, som kunde vara till nytta vid försvarandet av landet. "Claes Horn" låg under utrustning, och detta skulle bliva mitt fartyg under några månader i Östersjön. "Claes Horn" var ett i mina civila sjömansögon mycket litet fartyg, men det gled som en 45.000 tonnare sakta framåt, när vi lämnade. Om denna saktfärdighet berodde på dåliga anslag eller ålder, eller om det rent av var för att inge respekt, vet jag ej. Som krigsfartyg hade säkerligen "Claes Horn" skådat bättre dagar, men ingen klagan: Än var den god nog för oss. Vi skulle endast använda den till övningsfartyg.

"Claes Horn" bar "titel" torpedkryssare och det klingade vackert i mina öron och även starkt. "Claes Horn" hade verkligen en torpedtub i förstäven, och jag minnes även att det låg en blankpolerad torped långt nere i "förpiken". Om den senare kunde användas, vet jag icke.

Vädret var mycket vackert, när vi ångade ut genom Stockholms förtjusande skärgård. Den ena paradisliknande holmen efter den andra lämnade vi akteröver. Jag riktigt ryste av välbefinnande att efter åtta dammiga månader i land åter vara på havet.

Strax efter vi passerat Sandhamn blåste fartygets hornblåsare till något, som kallades för divisioner. Folk från alla håll rusade till akterdäcket, där vi skulle uppställas och granskas av chefen. Någon av de äldre officerarna kommenderade "Giv akt!" när fartygschefen efter uppställningen anlände och lämnade av det vanliga "alla närvarande".

Chefen tog därefter till orda. Han sade ungefär så här: "I dag gynnas vi av vackert väder sjömän, och det är en glädje att vara sjöman vid sådana tillfällen. Men vi skola icke vara förberedda på väder av detta slag. Vi i krigartjänst skola alltid vara beredda till vilket oväder som helst. De senare må sedan vara ett naturligt eller krigiskt. Dock skola vi under vilka omständigheter och vilka oväder som helst alltid glädjas åt varandra och hålla samman samt vara tacksamma att gemensamt kunna tjäna Kung och fosterland. Vi gå nu icke ut för att kriga. Vi gå ut för att leka krig och öva oss i att kunna försvara vårt kära Sverige. Som chef på 'Claes Horn' vill jag önska eder alla hjärtligt välkomna ombord, och jag vill och skall göra mitt bästa för att alla skola trivas på det fartyget där jag är chef."

Ungefär så talade vår befälhavare. Han, som tidigare varit chef för Sjöförsvarets Kommandoexpedition, var en av dem, som var med om och avslog min anhållan om ett års uppskov. Som fartygschef var han människa. Det hördes när han gav order och det syntes på hans uppträdande. Han var redbarheten själv utan minsta tvivel.

Naturligtvis finner en civil sjöman många saker rent löjliga på Flottans fartyg, men det militäriska tvånget har alltid något att lära. Det sätter den "stuns" på pojkarna, som vi tyvärr oftast sakna i handelsflottan. Men detta tvång och detta "givaktande" bör ej vara så utbrett att man drömmer om nätterna att man springer och går i "giv akt". Chefen skall hålla på sin ställning, officerare och underofficerare på sina; men manskapet skall också hålla på sin rätt och sin ställning. En chef, som verkligen är chef, fordrar heller inga orimligheter.

En dag sade chefen till mig: "Claesson ni är bra. Jag har knappast det minsta emot eder, men försök att vara litet mera militär! När Ni t.ex. får en order av mig, svara icke 'all right', utan. 'skall ske chefen'. Det sista är stilen här i flottan." Chefens lilla anmärkning, gjorde ett mycket försynt intryck på mig jag beaktade den, och några påpekanden i den vägen behövde han aldrig vidare göra.

Vi ha redan med "Claes Horn" hunnit besöka "Kakan" och börja sakta, liksom solen om våren, att draga oss norröver. Vi ha fått fint sällskap, 4 - 5 jagare. Med ungefär samma antal torpedbåtar och ubåtarnas moderfartyg Blenda med "barn" ha vi uppsökt Bergkvara, som skulle tjänstgöra som bas i början av våra krigiska övningar Mitt jobb var skäligen enkelt och icke mycket militäriskt.

Jag fick på Bergkvara redd köra min "slup" fram och åter till kajen, fullastad med besökande, ledigt befäl eller manskap.

Oftast gjordes krigsövningarna under dagen, och då lyftes "min" båt ombord på "Claes Horn". Även nattetid förekommo små "utflykter", men då fick jag och "min" båt icke vara med utan skulle förtöja akter i en kolpråm, som låg på redden. En kväll när "flottan" gått ut och var utom synhåll blev frestelsen mig alltför stor. Jag beslöt att lämna kolpråmen och köra in till Bergkvara för att roa oss litet privat. Maskinisten varnade mig: "Du kan bliva rapporterad och straffad." Men jag fasthöll vid mitt beslut, och något senare voro vi förtöjda inne i hamnen. Även vi kunde väl ha nöjet av nattliga övningar.

Icke långt från tilläggsplatsen sålde en vacker flicka tidningar i en skrubbliknande byggnad, men då hon var upptagen med detta, måste vi skaffa andra flickor att skoja med i den vackra sommarkvällen. Naturligtvis dröjde det icke länge förrän vi hade tag i några flickebarn som jag i egenskap av "chef" bjöd på en liten motorbåtsfärd. Roligt hade vi i ett par timmars tid, men maskinisten, som var militärkorpral, verkade ganska nervös och pratade bara om följderna av denna lilla privata "utflykt". Jag lovade att taga allt ansvar. Fram på kvällen, när vi åter voro förtöjda vid kajen, kom det med tåget en befälsperson, som sade sig vilja ombord på ett av krigsskeppen. I min rapporträdda ångest för guldgaloner erbjöd jag naturligtvis mina tjänster. Mannen var synnerligen tacksam, men sade sig icke kunna fara iväg med detsamma, utan föreslog oss att vänta en halvtimme. Befälspersonen, som jag hade äran att hysa i "min" båt, var trevlig, och säkerligen förstod han att vår resa till Bergkvara var av privat natur. Efter ett par timmar återkom "flottan", och jag satte min passagerare ombord på ett av de mindre skeppen samt vände därefter till "Claes Horn" för att vila resten av natten.

Påföljande förmiddag mötte jag chefen, som alltid vid ett strålande humör med ett vänligt ord på kant. "Hörnu Claesson'", sade han, "lågo ni kvar i kolpråmen hela tiden vi voro ute i natt?" "Nej chefen! På min order gingo vi in till Bergkvara för att fördriva tiden ty det var kallt att ligga stilla akter i kolpråmen, varför jag utan tillstånd gjorde resan." "Claesson, Claesson! Tänk på att ni skall alltid inhämta tillstånd till sådana privatresor." "Ja, jag hade reda på det"; sade jag, "och förstod även att jag skulle bliva rapporterad då jag fick en befälsperson med mig ut som passagerare."

"Ni äro ej rapporterade, sade chefen,. "men jag har sett, att det är märken efter damskor på mitt och officerarnas blåa kläde i båten." "Ja, chefen, alltid är det något när man olovandes är ute." "Gör nu inga sådana resor mera utan tillstånd, men sådant kan fås, om det begäres." Om denna lilla affär hade utspelats i "Kakan", hade jag troligen erhållit ett strängt straff.

Jag förstod och uppskattade min chefs lilla påminnelse och lovade att intet mera nattsöl skulle förekomma i "min" båt.

Ibland blåste det klart skepp till drabbning och då måste jag vara med, och icke sällan blåstes det "divisioner", och då fick jag även ställa upp. En gång var chefen mäkta arg. Det hade upphittats och hopsamlats en hel säck med "driftade" klädespersedlar. Chefen talade till besättningen och framhöll för dem i allmänhet och för de skyldiga i synnerhet att slarv icke tolereras på hans fartyg. Jag som icke trodde mig ha några kläder i den framlagda "byken", slöade av denna säkerhetskänsla till och tyckte synd om slarvhansarna. När hela säcken plagg för plagg delats ut till sina rätta ägare, kom turen till den sista persedeln, en kavaj.

"Vems är kavajen", ropade chefen, under det att hans hjälpreda med vana ögon synade för att kunna tyda numret i. "Titta på armen", sade någon. Den var försedd med det blågula bandet, och jag var den enda på "Claes Horn" som bar detta märke.

Det var alltså min kavaj, varför jag rusar fram för att bärga den samt var beredd på en tillrättavisning. Men jag hann aldrig fram. Biträdet med identifieringen vände kavajen upp och ned, varvid massor av sockerbitar trillade ur vänstra fickan och en icke ringa del hårt bröd från den högra. "Vad, är det Claessons kavaj?", sade chefen barskt. "Bär Ni proviant i fickorna?" "Ja, jag hade just proviantterat kavajen för nattens körningar då det blåste divisioner." Chefen och den uppställda besättningen smålog när jag tog

164

min kavaj i vilken det fanns vare sig socker eller hårt bröd. Allt låg på däcket.

Sommaren blev underbarare och vackrare. Östersjön låg som en spegel varje dag, och krigsskeppen drogo sig sakta mot norr. Befälhavaren på "Claes Horn" var samme älskvärde chef som alltid. När någon av besättningen gjort något bra, belönades detta med en eller ett par cigarrer eller cigaretter. Men han höll på allt för många föråldrade militäriska åsikter enligt min mening. Till dessa hörde bland annat hans noggrannhet med längden av grabbarnas hår. Han förklarade t.o.m. en gång, det var några dagar innan vi skulle inlöpa till Kalmar, att varje sjöman, som önskade landpermiss där skulle klippas under hans eget överinseende. Som hårklippare tjänstgjorde en stamanställd. Som frisörsalong tjänstgjorde fartygets fördäck. Jag tog som våghals "stolen" först av de tretton ombordvarande beväringsmännen.

Chefen rusade under tiden runt mig och gav sina order till sjömanshårklipparen, och jag lyssnade. Men när chefen var klar med sina instruktioner, begärde jag och fick ordet och sade: "Några 'tofsar' bör icke lämnas vare sig här eller där. Jag vill bliva renskallad. "Claes Horns" chef blev mäkta rörd av mitt goda föredöme. Han bjöd mig på den vanliga cigarren och fann icke lovord nog för mitt beteende. På en blink från mig klippte sig beväringsmännen korta, och vi blevo naturligtvis garanterade landpermission för alla tider, men särskilt förmånligt skulle vi ha det vid ankomsten till Kalmar.

Denna stad är nu en gång för alltid i mina ögon ostkustens härligaste sommarstad. Icke bara detta. Befolkningens mjuka tungomål höjer stadens anseende för en främling, och jag var främling men kände mig icke som sådan.

När min lilla båt, som här t.ex. i Kalmar, ej var i sjön, hade jag äran att ibland spela vakthavande underofficer vid landgången. Det hela var icke märkvärdigt. Man noterade permitterades nummer på ett block. Man förde in vindens riktning och styrka samt luftens temperatur i en loggbok eller kanske det endast var på ett papper. Alla skrivgrejor förvarades i en låda med glaslock i omedelbar närhet av landgången.

Visserligen hade jag nu efter så lång tjänstetid i Kungl. Flottan hunnit bliva rätt militärisk, men ännu förekom en och annan civil "rubbning". "Dressyren" att bliva helt militärisk bet icke på mig, ty mitt svenska hjärta var helt i handelsflottans våld. Dock kunde jag ha varit lätt att omvända med litet förståelse. Denna dagen i Kalmar t.ex., när jag passerade landgången, sade jag Hej! till en 3:dje gradare, som var vakthavande vid fallrepet, och som jag var synnerligen "styris" med.

"Glöm nu icke bort midnattsslaget!" sade han, då han böjde sig ned i den omtalade lådan med glaslock för att göra något slag av notering. "Du förstår, det kan så lätt bliva en rapport." "Å, vackert här", sade jag, "i kväll skall jag göra mig en riktig helafton. Inget av tjänst kommer att vara i mina tankar. Jag skall roa mig på bästa sätt, och först när allt skoj är över kommer jag tillbaka." 3:dje gradaren gav mig en varnande blick och sade: "Efter 12 är jag icke här. Det är en annan. En som är fin på rapporter".

Två beväringar till och jag gjorde "krogrondan" och hamnade därefter på en dansbana utanför staden där stämningen strax efter midnatt var rent explosionsartad. Mina två kamrater tappade jag bort i glädjen men fick annat sällskap som ersättning, och först vid tvåtaget började jag tänka på återfärden till "Claes Horn". Vid tretaget anlände jag till kajen i droska med järnringar på hjulen för att återkomsten skulle höras.

Redan innan jag passerat landgången hörde jag: "Ge mig en förklaring karl var ni varit!" "Här ges inga förklaringar! Tre timmar har jag kommit försent. Gör eder skyldighet! Notera och rapportera."

Mitt svar var fullständigt på tok, men eftersom jag tjänat Kungl. Flottan i 300 50-öresdagar, ville jag se vad straff det kunde bliva att "drifta" några timmar. Jag var en under kriget uppväxt och "jagad", "nyckfull" ung man. Jag ville nu sätta Kungl. Flottans skräckinjagande rapportsystem på prov. Jag ville se de konsekvenser som av en dylik rapport kunde följa.

"Driftaredagen" på förmiddagen var jag kallad till chefen, som med gravallvarlig min läste upp ett fullskrivet tvåöresark. Det var rapporten. Då den långa skrivelsen var genomläst, vände chefen sig till mig och sade: "Har Claesson något att anmärka eller har Claesson några förmildrande omständigheter att framföra till sitt försvar? "Nej chefen! Rapporten är 'fullkomlig', och några förmildrande omständigheter framför man icke efter en helafton i Kalmar."

"Så", sade chefen, "då finner jag ingen annan utväg än att döma Claesson till 14 dagars permissonsförbud." "Tack chefen för straffet", sade jag utan att ha erhållit något slag av rökverk, och lämnade kajutan. Strax efter domslutet kastades förtöjningarna loss, och "Claes Horn" gled lika majestätiskt som alltid ur hamnen i Kalmar.

Den "lassestämplade" stod på undre bryggan och beskådade allt som var av intresse.

En bit utanför hamnen kommo vi för nära en lysboj, vars ankarkätting hakade sig på vår babordspropeller. Då vi icke kunde backa för att ej riskera propellrarna, fingo vi lägga av det ena ankaret. Med den ringa fart som Claes Horn hade, stoppade den snart upp, och strax efter låg fartyget förtöjt i "hanfot" d.v.s. med bojen akter som ankare och det "naturliga" där framme. En stund senare blevo dock vindens och strömmens gemensamma krafter så starka, att bojen tvingades att "krypa" under torpedkryssarens botten för att omedelbart därefter hoppa upp på andra sidan.

När denna händelse var över, svängde "Claes Horn" på vanligt sätt till ankars, och chefen kommenderade, att vi skulle sjösätta motorbåten för att rapportera det inträffade för hamnmyndigheterna. Jag tyckte, att jag borde påpeka för Chefen mitt nyligen ådömda straff: "Chefen, skall jag icke ta hänsyn till mitt permissionsförbud och köra båten eller skall jag stanna ombord?" "Tala icke om sådana bagateller! Nu ha vi flyttat på en boj, se till att båten kommer i sjön med det snaraste."

Jag bibringades uppfattningen, att "Claes Horn" endast tjänstgjorde som "målfartyg". Den blankpolerade torpeden såg jag icke utskjutas eller minns det i varje fall icke. Av alla kanoner, kommer jag bara ihåg, att vi begagnade den "lätta", som stod midskepps om babord. Det kan dock hända, att det under nattliga övningar, då jag låg fast i den omtalade kolpråmen, gick ganska vilt till och att "torpeden", det "grova" och det "lätta" artilleriet var i verksamhet.

Vad jag minns vid de sjögående övningarna var det ofta återkommande "man överbord" eller det ännu oftare "klart skepp till drabbning." Ingen av dessa övningar kostade något, och flottans folk skulle övas billigt. Att även resultaten blevo billiga spelade mindre roll. Vi hade dock en flotta, som gjorde övningar. Om det var någon fiende, som ville vara hygglig nog att vara rädd.

Efter att ha besökt Kalmar två eller tre gånger drogo vi oss ytterligare längre norr över och valde en bas någonstans vid "inloppet" till Oskarshamn. Bland de fartyg, som lågo till ankars här märktes moderfartyget "Blenda", som i ålderdomssvaghet och skröplighet troligen överträffade "Claes Horn". "Blenda" var gammal och var säkerligt utsliten efter alla sina år i Kungl. flottans tjänst. Men "Blenda" hade fortfarande förmågan att röra sig på egen hand, och först 17 år senare, när jag skriver dessa rader, läste jag i en tidning. att "Blendas" maskineri var odugligt. Bland våra gamla krigsskepp var hon troligen det bästa, eller kanske det var en ren artighet för ålderdomen att hon blivit moderfartyg. En icke expert kan lätt göra misstag. "Blenda" kanske rent av var en god farkost, men detta kan tyvärr ej sägas om den ångslup, hon var utrustad med.

En dag fingo vi till "Claes Horn" ett signalmeddelande, att värnpliktige 95 202/19 Claesson önskades ett par dagar för att "köra" detta vrak till båt. Avsikten var en expedittion till några småholmar för att bygga "mål", ett icke oangenämt jobb. Som chef för målbyggandet fann jag min från "Kakan" högt värderade fänrik Sanderos. Den människovänlige officeren var sig fullkomligt lik. Här fick jag ett bra tillfälle att studera honom på nära håll.

Redan när vi startade från "Blenda" väckte den pustande maskinen i ångslupen vår ängsliga uppmärksamhet. Icke sedan jag stod till roders på "Adine" och hörde styrmaskinen bakom mig, hade jag personligen varit rädd för explosion ombord, men nu var jag och alla det. Maskinisten klagade på att vattentillförseln till ångpannan icke var bra. Fänrik Sanderos uppmanade målbyggarna och "min" besättning att placera sig så långt för- och akteröver som möjligt i händelse av att det skulle smälla. Maskinen arbetade fortfarande för "framgång", men med arbetsglädjen var det skralt, ty båten gjord litet framfart. Nu kom den väntade "smällen". Alla tittade med förvåning på varandra, ty ångpannan stod fortfarande kvar. Men vad hände då? Jo, vi "hoppade" rätt över en stenknalle. Den gamla rostlådan till båt var seg, och icke bara detta. Den var vig, ty den hoppade oskadad rätt över hindret sin låga fart till trots. Vi stoppade och vände samt studerade havsbottnen. Vi funno också mycket riktigt den knalle, som orsakade "smällen", men vi funno tyvärr även, när vi skulle styra rak kurs igen och rodret lades midskepps, att propellern icke kunde arbeta. Något hade krökts vid olyckan, rodret, propellerbladen eller maskinens axel. Då vi hade en bit kvar till den holme, där målbyggandet skulle ske, måste vi tydligen ro "båten" med de bräder, som medfördes för nämnda ändamål.

Det befanns emellertid vara ganska svårt med dylik rodd, varför jag lade rodret hårt i bordet och begärde "full" fart i maskin. Efter att ha gjort ett par cirklar stoppades maskinen och båten styrdes åt rätt håll så länge farten varade och propellern var stopp. Samma sak upprepades flera gånger, målet uppnåddes och "målbygget" verkställdes.

Sanderos var rätt betänksam när det gällde "hemresan". Snurrande kunde vi ej rätt gärna komma långssidan av ett svenskt krigsfartyg. Dock, när målet var färdigt, hade vi god vind, som sakta men säkert förflyttade oss mot "Blenda", där den ålderstigna ångslupen "lättades" och reparerades. En givande utflykt i skärgården hade jag haft tillsammans med min "vän", som var hygglig nog att hålla oss med cigaretter hela dagen. Dessutom flödade det av hans artiga och trevliga sätt. Sådant skapar arbetsglädje.

Mitt permissionsförbud är för länge sedan slut. Vi ha nu dragit oss ännu längre norröver där samtliga krigsskepp och blåkragar samt befäl hålla på att öva sig i land på Arkösund. Kanske det "fröjdades" på mera än ett ställe denna kväll. Kanske hade Arkösund många restauranter med dans och kanske var det en ren tillfällighet, att vår fartygschef satt inne på just den restaurant, som hörde till "vår" dansbana. Alltnog, strax före klockan 11 på kvällen "slocknade" grabbarnas humör, ty då var dagens permission slut. Då skulle vi som snälla gossar "läggas". Vi fingo icke vara uppe huru länge som helst. Pojkarna skockade sig kring mig. De utsågo mig att gå till chefen med begäran att få stanna till midnatt. Visserligen åtog jag mig uppdraget, men det var icke med någon större förtjusning.

Dock tyckte jag, att det skulle bliva roligt att sätta chefen på prov. Han bestod emellertid detta med heder. Han förlängde utan vidare vår besättnings permission till dansen var slut, varför gossarnas humör åter steg. Strax efter midnatt ombordkommo vi alla, och det blev inget jobb för den vid fallrepstrappan tjänstgörande rapportskrivaren. Chefens löfte var nog att klara oss samtliga.

Jag hade vid denna tid vunnit korprals rang och värdighet. Dock påsydde jag aldrig den gradbeteckningen, ty jag tyckte den var mig opassande. Jag var i alla fall icke annat än en vanlig "basse". För att bevisa det skall jag omtala vad som hände strax före vår avgång från Arkösund, då jag hade fått order att inrigga fallrepstrappan.

När jobbet med trappan var verkställt, kom det tre små "jullar" med officerare i, som ville ombord på "Claes Horn". Då jag trodde officerarna voro käcka jagarechefer, bad jag dem i all vänlighet att taga sig ombord på "Claes Horn" via två fasta lejdarestag, som funnos akterut.

Dock misstog jag mig. Min artighet var alltför civil. De i gymnastik vältränade uppgåvo med höga röster protester. Vakthavande officer tillkallades. Löjtnanten gav order att fallrepstrappan åter skulle lossgöras och firas. Det var höga officerare, som önskade komma ombord, sådana som man skulle "blåsa över" för.

När alla voro ombord, vände den ene av dem sig till mig och sade: "Vem är vakthavande underofficer på detta fartyget?" "Det är jag; värnpliktige 95 202/19 Claesson. Varmed kan jag stå till tjänst?" "En annan gång skall ni icke be oss komma ombord akterut, när det finns fallrepstrappa midskepps." Jag erkänner jag hade fel och icke var tillräckligt militär.

"Claes Horn" hastar långsamt från Arkösund mot Utö till. Där skulle vi ha landstigningsövningarna. En del av vår styrka skulle representera fientliga krigare, som gjorde ett försök att landsätta "trupper". Vi, den andra delen, representerade svenska krigare, som skulle försvara varje tum av land.

Själv var jag svensk, och jag och mina kamrater voro säkerligen starka nog att stoppa alla försök av fientlig landstigning trodde vi.

Hur det egentligen gick till vid själva landstigningsförsöket minnes jag ej så noga, men vad jag med säkerhet kommer ihåg var, att jag blev tillfångatagen och fick såsom fånge lämna från mig min mössa som bevis. Efteråt när det blev kritik över övningarna, tillfrågades jag: "Var befann Claesson sig när ni blev tagen till fånga?" "Jag blev", sade jag, "överrumplad när det var en paus i striden och jag höll på att plocka blåbär." "Värnpliktig Claesson är en slarver", sade han, som höll kritiken. "Tänk eder bara om det varit en riktig fiende som tagit eder."

Efter Utö-övningarna styrde "Claes Horn" mot Saltsjöbaden till, där mina skyldigheter mot Kung och land togo slut och jag därför blev avpolletterad samt skickad till Stockholm i sällskap med min sjösäck och en sjöman som jag skulle hålla ett öga på. Mina plikter mot fosterlandet voro över, och kvar har jag en massa glada minnen från ett synnerligen sorgfritt liv.

Det enda jag med tvekan skulle vilja göra om är att åter lämna från mig mina civila kläder till förvaring. Då jag återkom till Göteborg, såg jag ut som en förbrytare. Ja, en straffånge har aldrig lämnat Långholmen med så opressade kläder. Som en välklädd gentleman hade jag lämnat Götastaden, och trots att kläderna voro desamma, såg jag ut som en slusk vid återkomsten. Men jag var glad. Jag hade gjort mina plikter mot mitt land.

Anteckningar om avlagda examina.	Bestyrkes.[1]

Aflagt styrmans examen vid Göteborgs navigationsschola den 18/7 1917

Alex. Khore

Scholans föreståndare.

Aflagt sjökaptens examen vid Göteborgs navigationsschol den 4 maj 1922

Alex. Khore

Scholans föreståndare,

[1] av rullförings- eller sjörullföringsbefälhavare eller sjömanshus-ombudsman.

Vid Göteborgs navigationsskola avlade jag året efter sjö-kaptensexamen. I 16 år därefter har det varit ett flackande liv runt hav och riken. Både erfarenhet och minnen ha under denna tid samlats. Det är tvunget att skaffa sig bådadera. Det första är en tjänstemerit, och de senare äro roliga att ha för kommande dagar.

Berättelsen om "mina pojkår" är slut. Livets allvar har börjat på allvar. Med honnör för den svenska flaggan tecknas m/s "Gripsholm" i Nordsjön den 6 juni 1938.

CARL-OTTO CLAESSON

Sonen och författaren

Göran C-O Claesson:

Ung sjöman på kurs mot sjökaptensexamen

Vi pojkar fick tidigt höra om "Pappas bok". Vi fick höra att han skrev boken just till oss pojkar för att vi, när vi blev äldre, skulle förstå vad han varit med om. Det dröjde flera år innan vi förstod att han inte räknade med att leva då. Så småningom förstod vi dock hotet:

Pappa, som överlevt tre torpederingar under förra kriget, han tror att det kommer ett nytt krig och han tror inte att han överlever det kriget! Det är därför han skriver!

Just det skrämmande hotet som skäl att skriva har dock inte Carl-Otto Claessons uttryckt i texten. Vad kan det ha varit mer som han inte ville skriva ned eller som han skildrade mycket inlindat? Vad kan behöva kompletteras eller förklaras för en läsare idag om denna uppväxt från barn till styrman?

För oss pojkar blev pappas arbete med boken en signal för resten av livet. Mamma "kunde skriva" men skrev ingen bok. Pappa, som tyckte att han inte skrev lika bra, han skrev envist på en bok under flera år – han kände att han hade något viktigt att berätta. Mamma hjälpte honom med att granska texten och föreslå förbättringar. Han skrev för hand. Efter diskussionerna med henne skrev han rent på skrivmaskinen i befälets kontor ombord. Han blev till slut så nöjd med sitt verk att han började fundera på att få det publicerat.

Under arbetet med att fortsätta skildringen där pappa slutade har jag sökt och lyckats få kontakt med människor som kände den unge och medelålders Carl-Otto Claesson. Det slog mig t ex att en ung kvinna från Bohus-Malmön 1946 hade fått hjälp av honom att komma till USA där hon bosatte sig. Hennes namn där blev Maj-Greth Wegener. Hon gjorde PR för det svenska smörgåsbordet, och i en kokbok gav hon svenska husmödrar recept på amerikansk mat. I ett brev den 2 februari 2004 gav hon en överraskande upplysning om "Mina pojkår". Jag återger den i avkortat skick.

"Då jag var 16 år visade mig Farbror Carl-Otto ett manuskript om händelserna under första världskriget då han var en ung sjöman. Han bad mig gå igenom det hela och rätta till eventuella stavfel, grammatik och kommatering etc. Jag kände mig mycket smickrad över hans förtroende och tyckte det hela var mycket spännande. Han växte i min beundran till HJÄLTE av första rang. Detta var första gången jag hört om saken så tydligen var han inte för 'skräpp och skryd' som de säger i Bohuslän."

Jag har hunnit lära känna flera författare, inte minst som aktiv i ett författarsällskap. En del måste hålla sin text för sig själva ända tills den lämnas till förlaget. De kan bli sårade om redaktören för en antologi vågar föreslå förbättringar. Andra, och till dem hör jag, visar gärna sina utkast för vänner och lyssnar på deras synpunkter innan de beslutar om den slutliga utformningen. Carl-Otto Claesson var alltså av den senare sorten och tyckte även det var intressant att höra vad en vad en mycket ung och skärpt människa kunde tillföra.

Ett köpmanshus i skärgården

Carl-Otto Claessons egen berättelse uttrycker en mycket stark tacksamhet mot släktingar som "bestämt sig för att göra sjöman Claesson till Styrman Claesson". Han skriver att detta var "varmt mänskligt mot en avlägsen släkting från skärgården" och skriver bl a: "I bättre händer hade jag aldrig varit och kunde säkerligen aldrig komma."

Vilka var dessa släktingar, hur avlägsen var han från dem, varför ingrep de och hur såg de till att han blev styrman? Carl-Ottos egen berättelse ger bara beslöjade svar på sådana frågor. Tre av släktingarna bar "samma namn som tyska rikets huvudstad" och hjälper genom att "stötta ekonomiskt" medan den fjärde har ett "känt fisknamn" och bistår "med praktiska råd".

Historien om släktingarna och deras hjälp är emellertid värd att berätta. Den avspeglar ett äldre samhälle, generationer före studielånens och studiebidragens tid. Det var en tid då det förekom att välsituerade blev mecenater för ovanliga begåvningar eller hjälpte fattiga släktingar att studera.

Historien börjar vid hovet hos "Kongen i Snurra" på ön

Malmön i mellersta Bohuslän. Det var nog bara i de trakterna kungen var känd. Det som Malmön är riksbekant för är att Sveriges första granitstenhuggeri öppnades där 1844, grundat av kanalbyggaren Nils Ericsson och köpmannen C. A. Kullgren. Stenhuggeriet utvecklades till ett exportföretag, C A Kullgrens Enka AB, som kom att äga hela ön. Eftersom namnet Malmön finns på andra platser i Sverige, t ex i trakten av Örnsköldsvik, är postadressen Bohus-Malmön.

Så långt har jag kunnat återge kunskaper om Malmön som jag inhämtade 1948. Jag arbetade då på en seminarieuppsats i statistik om befolkningsutvecklingen på ön och dess samband med stenindustrin. När jag nu berättar mer om vad som hänt på ön, utnyttjar jag den omfattande dokumentation som Edmond Bäck, en av de aktiva i Malmöns Hembygdsförening, byggt upp. Han berättar t ex att postadressen tidigare var antingen Malmöns fiskeläge eller Malmöns stenhuggeri, i båda fallen med Malmön-Olofsholm som slutrad. Det sista namnet kom från "Kongen i Snurra, "salteriidkaren" Olof Christiansson. Han var under sillfiskets och fraktskutornas tid en dynamisk företagare. Hans företag på Malmön var en kombination av ansjovisfabrik med bleckplåtslageri, sillsalteri med tunnbinderi samt mjölmagasin och butik. Det var på hans företags strand som Malmön fick sin brygga för regelbunden ångbåtstrafik, och han såg till att bli "ångbåtskommissionär". Denne driftige man fick 1881 ansvaret även för posten på ön. Telefonstationen, som kom 1889, blev däremot inte hans domän.

Christiansson anställde 1863 en ny medarbetare, Herman Börjesson Berlin, f 1842. Han tillhörde en släkt Berlin inne på fastlandet. I kyrkböckerna kallades han först "bodbetjänt" men till slut "handlande".

Herman fick upp ögonen för en ung flicka, Albertina Andersdotter, f 1848 och tycke uppstod. Albertina var inte vilken flicka som helst, utan dotter till arbetsgivaren Christianssons fru Evas syster Sara. Herman blev både som anställd och ingift i kretsen kring "Kongen i Snurra". Familjerna Christiansson och Berlin kom varandra närmare.

Hermann och Albertina fick snart ett barn, allt för snart enligt schartauanska regler. Det barnet dog dock redan vid ett års ålder. 1871 föddes dottern Olga. Kort därefter försvann Herman under en segling från fastlandet, återfanns aldrig och förklarades drunknad.

I historien om detta köpmanshus i skärgården har nu presenterats bakgrunden för två nyckelpersoner i början av Carl-Otto Claessons "Mina pojkår". "Mor" i hans berättelse var "handlanden" Herman Berlins änka Albertina, och "mamma" var deras dotter Olga.

Köpmän i Göteborg

På 1880-talet förstärktes familjeband mellan "Kongen i Snurra" och Herman Berlins släkt. Då höll Olof Christiansson bröllop i dagarna tre för sin dotter Amalia, f 1857, när hon gifte sig med Otto Berlin, f 1850, en yngre bror till Herman. Han hade flyttat till Göteborg 1867. Där hade han lyckats utveckla försäljning av kläder från en öppen bod vid Vallgraven nära Kungsportsplatsen till AB Otto Berlin i ett stenhus med Fisktorgets byggnad på ena sidan och torghandel på den andra. I företaget arbetade också Hilmer, f 1856, en ännu yngre bror som förblev ogift och barnlös.

Otto och Amalia lät sin familj ta hand om den faderlösa Olga, brorsdotter till Otto och kusin till Amalia. En hjälp till Olgas mor och Amalias kusin Albertina. Olga var alltså inte bara född Berlin utan tillbringade dessutom några år av uppväxten i berlinhemmet tillsammans med Ottos barn. De var födda 1878-1890. Det var Anna som gifte sig med firmans vice vd Ragnar Gedda, Richard som övertog firman, Ebba som gifte sig med fil dr Axel Lagerwall, folkskoleinspektör, Signe som gifte sig med Otto H. Berlin, en kusin till hennes far, samt Elsa som gifte sig med Ragnars bror, rådmannen Torsten Gedda.

I detta hem höll Olga dock alltid kontakt med sin mor och med Malmön, och när hon gifte sig, fick hennes man, Klas Petersson, lån även från Otto Berlin för att köpa en skuta och bli sin egen. Under tiden kring det århundradeskiftet hade kustfisket efter sill tagit slut. Det delade fiskarna på Malmön i två klasser. Den ena bestod av dem som hade resurser och vilja att byta upp sig till större båtar och ägna sig åt fiske längre hemifrån, ända till Island, eller att bli fraktskeppare eller gå till sjöss. Den andra bestod av dem som inte hade resurser eller lånemöjligheter att ta sådana steg. De gick över till den växande stenindustrin på ön. Stenhuggarna bildade fackförening 1896, den kooperativa föreningen och butiken Klippan 1900 och började samla pengar till ett Folkets Hus 1902. Eldsjälen i detta hette Carl Lundén. Maj-Greth Wegener, som citerats tidigare, var dotterdotter till honom.

Malmön kom att få två folkgrupper som länge behöll olika drag beträffande religion och politisk inställning. Fiskare- och skutskepparfamiljer höll sig mest till schartauanismen medan stenhuggarna ofta var syndikalister eller socialister. De som ville att det skulle finnas en kyrka på Malmön samlade också in pengar, och 1907 kunde både den kyrkan och Folkets Hus tas i bruk.

De fiskare som inte lockades till stenindustrin av lönen kunde tvingas dit av de vikande inkomsterna från kustfisket. Dessutom tillkom en omständighet som påminner om tiden då skotska godsägare fyllde på antalet arbetssökande i industrin genom att säga upp sina arrendatorer. På Malmön var alla arrendatorer hos Kullgrens. När mark blev lönsammare för stenbrytning eller för vägar eller bryggor, kunde företaget tvinga fiskare att flytta. Den som vill leva sig in i den tiden på Malmön gör det bäst genom att läsa Arne Lundgrens romaner Stenriket och Sillbrand.

Klas och Olga tillhörde gruppen som hade möjlighet att välja. Olga kunde dessutom ta med sig en del av livsstilen från Berlinfamiljen. När Carl-Otto fyllde 50 år, framförde hans äldsta kusin, Malvina Samuelsson, en hyllningskrönika på vers. Den berättade bl a att familjen hade "jungfru" som skulle sköta hemmet medan Olga följde med på hans skuta till Tyskland. Denna jungfru var i själva verket en ung barnflicka, och det var när hon smet från barnpassningen som

pojkarna försökte tatuera sin syster. Den goda tiden tog dock ett brått slut 1903. Då dog Klas. Olga blev änka med tre barn.

Från vänster:
Herman sex år,
Anna två och Carl-
Otto fyra.

Vid arvsskiftet 1904 utgjorde värdet av den tidigare försålda skutan Gracie, 7 450 kronor, alltså större delan av de totala tillgångarna på 10 490 kronor. Boets skulderna uppgick till 3 337 kronor. Av den återstående delen erhåller änkan hälften, 3 576 kronor, och de tre barnen 1 192 kronor vardera. De tre barnens tillgångar står under utsedd förmyndarens ansvar och redovisas återkommande i ett årligt bokslut. Ett för varje barn.

Otto Berlin glömde aldrig Olga på Malmön och hennes barn, och det gjorde inte heller kusinerna som en tid var fostersyskon med henne.

Berlin-hemmet stod öppet för dem, först i Göteborg och från 1909 i Arlavik, en rymlig villa på Långedrag. När Otto Berlin råkade möta den unge och ännu bekymmerslöse sjömannen Carl-Otto på gatan, så var det naturligt för honom att fråga sin släkting om han behövde pengar – och att utan vidare räcka över en tia. Den motsvarar 300 kronor i dagens penningvärde.

1920 var på flera sätt ett år som pekade framåt. En luftpostlinje öppnades Malmö-Hamburg-Amsterdam-London. Samma år skrev Otto Berlin ett testamente som kom att påverka Carl-Otto Claessons liv. Det manar först till enighet mellan arvingarna och sedan specificerar vilka ändamål utanför den formella arvsföljden som han ville gynna. Vi har fått en kopia av det handskrivna testamentet från Ottos dotterdotter Margareta Hallberg. Följande sägs om Olga med söner:

"Olga skal ha ett understöd af Kr 200 per år tills gossarne tagit sin Sjökaptensexamen och kommer i verksamhet, skulle någon af dem ej taga sin examen utan kommer att få andra förtjenster, indrages understödet. äfven detta understödet skal utgå från affären. underhål och hjelp för examenstagandet sörjer nog broder Hilmer för men skulle han dö innan de tagit sina examina bör af hans medel om det låter sig göra utgå så mycket understöd så de kan afsluta sina examena annars ärfver modren så mycket efter honom att hon kan underhålla dem."

Tydliga besked, alltså, från en patriark som är van att styra och ställa, som månar om sin storebrors faderlösa dotter och hennes pojkar, som inte bryr sig om att anlita någon expert för att skriva sitt testamente, eller ens skriva rent det, och som använder sitt företags tillgångar fritt efter eget huvud.

Carl-Otto Claessons släktingar med "samma namn som tyska rikets huvudstad" var alltså den synnerligen driftige Otto Berlin, engagerad både kulturellt och i köpmannafrågor, hans lillebror Hilmer och hans son Richard som blev mycket aktiv i kommunal-

politik, liksom i kultur-
och näringslivsfrågor.
Den snälle mannen
med fisknamnet var
företagets vice vd
Ragnar Gedda, gift
med Richards syster
Anna.
Ottos svägerska
Albertina, Olgas mor,
nämns inte i tes-
tamentet, förmodligen
därför att hon inte be-
hövde hjälp. Hon var
mycket driftig och ut-
förde sysslor som idag
utförs av barnmorska,
sköterska och kurator.
Hon var dessutom
under en tid roende
lantbrevbärare mellan
fastlandet och öns bå-
da samhällen och
under en annan tid
fårfarmare. Jag har en

*Otto Berlin styrde och ställde med sin herreki-
pering vid Vallgraven och med sin släkt. Han
såg till att brorsdottersonen Carl-Otto från
Malmön utbildades till sjökapten.*

minnesbild av henne när hon stickade strumpor medan hon gick i
full fart mellan sina olika förrättningar. Hon blev så småningom
till "Mor" eller "Mor Tina" för många på Malmön.

Vilken sorts hjälp var det då Carl-Otto fick? Han citerar ett
intyg som ger besked ganska långt. Han har klarat av styrman-
sexamen och vill börja studierna för sjökaptensexamen. Han an-
söker därför om uppskov med militärtjänstgöring. Till denna
ansökan fogas ett intyg från "en släkting till mig" som för läsåret
1920-21 "garanterar" inte mindre än "fri bostad, fri kost och
tvätt" samt alla "skolomkostnaderna". Otto Berlin håller alltså sin

skyddande hand över honom, denna gång genom en garanti som stöd för en ansökan om uppskov. Men vilken hjälp fick Carl-Otto faktiskt ut i verkligheten?

Jag har ställt frågan dels till Richard och Anna-Lisa Berlins döttrar Kersti Aust, f 1910, och Gunilla Rehnberg, f 1916, dels Richards syster Elsa Geddas dotter Margareta Hallberg, f 1913. Dessa barnbarn till Otto Berlin var i sex- till elvaårsåldern när sjömannen gjordes till styrman eller, rättare sagt, när sjömännen gjordes till styrmän. Släktingarnas insats gällde nämligen inte bara Carl-Otto utan också hans två år äldre bror Herman.

Margareta Hallberg berättar att hennes familj från början bodde på Långedrag. När den 1915 flyttade in till Göteborg, tog hon och hennes kusiner, pojkarna Lagerwall, mycket ofta spårvagnsresan ut till morfar där mormor just hade dött. Arlavik kom att bli deras Villa Villekulla. Där fanns gott om tämligen jämnåriga kusiner med kamrater, och de fick härja mycket fritt. Där bodde också efter första världskriget ett s k krigsbarn, en österrikisk pojke. Denna gästfrihet var möjlig i praktiken tack vare att Otto, länge änkeman, höll ett tjänstefolk som bestod av en kokerska, två "jungfrur" och en "trädgårdskulla". Det var i detta privilegierade hem, väl utrustat med tjänstefolk och nyfikna ungar, som de båda unga sjömännen fick bo och där de träffade flickorna som kan berätta om dem idag. De märkte att Herman mest stannade hemma och läste medan Carl-Otto var mer sällskaplig, mer ute och mer spännande.

Den tacksamhet som uttrycktes starkt men inlindat i "Mina pojkår" gällde alltså något så avgörande som fri kost och logi och betalning för privatundervisning! Ingen av de unga sjömännen hade ju mer än sex års folkskola bakom sig! Hur kan det då komma sig att Carl-Otto inte skrev klart ut vad släktingarna hade gjort som han var så tacksam för och inte berättade i klartext vilka det var som hjälpt honom och dessutom hans bror så verkningsfullt?

Så som jag lärde känna min far tror jag förklaringen är denna. Han styrdes av den iögonenfallande skillnaden i levnadsstandard och medborgerligt anseende mellan å ena sidan honom själv med familj, å andra sidan Berlin-familjen på Långedrag och Gedda-familjen i Vasastan. Dessa familjer var mycket chosefria och trevliga men skillnaden mellan deras och styrmansfamiljens villkor var påtaglig. Otto Berlins Arlavik var en mycket stor villa på en tomt som idag rymmer tre villor. Strax ovanför den fanns dessutom dottern Signes villa. Signe Berlin var en av 30-talets största kvinnliga resenärer, även deltagare i kryssningar med Svenska Amerika Liniens fartyg. Ottos dotter Anna och hennes Ragnar bodde med sin familj i Vasastaden. Jag minns att våningen hade sådan höjd i rummen att det gick en halvtrappa upp till tjänstefolkets rum ovanpå portvalvet men under samma bjälklag.

Berlin- och Gedda-familjerna höll sig med tjänstefolk och isskåp. Styrmansfamiljen saknade hembiträde och isskåp. Familjens lägenhet hade tre rum, kök, en jungfrukammare som vi pojkar delade på, rotfruktsförråd i källaren och kollektiv tvättstuga med kar, tvättbräda, gaseldad tvättgryta och vridmaskin som enda utrustning. Denna skarpa skillnad i utgångsläge underströks ytterligare av berlinarnas och geddornas starka kulturella framtoning och delaktighet i "det fina Göteborg" som många sade på den tiden. Skillnaden gjorde styrmannen för blyg att precisera hjälpen konkret och därmed riskera att bli beskylld för "att skryta med fina släktingar". Ytterligare ett skäl kan ha varit att familjerna umgicks. I en bok som skall publiceras är det inte lätt för en författare – särskilt inte för en ovan – att konkret beskriva hjälp som han fått av så närstående människor.

Även efter examen och som styrman i amerikalinjen fortsatte Carl-Otto att umgås i familjen. Släktingarnas omtanke fortsatte även efter det att Herman och Carl-Otto fått sina examina och kunde börja ta ansvar för sin och sin mors försörjning. En tid drev Olga i sitt hem försäljning på beställning av varor från AB Otto Berlin. Det gick lättare med den tidens förbindelser mellan Malmön och Göteborg än om det skulle ha gjorts nu. Från butiken var det bara att skicka någon springpojke med ett paket till ångbåten vid Stenpiren i Göteborg. Sedan var det bara för mottagaren att hämta paketet "på fördäck" när båten lade till vid

Malmöns ångbåtsbrygga. Troligen var det också tack vare kontakten med Olga som dessa berlinare och geddor ofta anställde "flickor" från Malmön. Huvudvägen för öns unga kvinnor att komma ut i världen var länge att ta tjänst som hembiträden.

Skärgårdspojken på Navigationsskolan

Carl-Otto beskriver målande hur svårt han hade att klara studierna som skulle leda till sjökaptensexamen. Efter få och misskötta år i skolan på Malmön hade ham svårt redan att "lära i böcker". Han hade dessutom dimmiga föreställningar om matematik. Detta var ett dåligt utgångsläge när det gäller att lära sig navigation som på den tiden krävde ständig användning av logaritmer.

Carl-Ottos kvarlåtenskap gav exempel på vad han hade att brottas med och vilka böcker han måste läsa innan han var en av de arton fotograferade och namngivna på tavlan "Utexaminerade Sjökaptener i Göteborg Våren 1922". Det finns åtskilliga anteckningar gjorda för hand i böcker tryckta före hans examen, t ex nautiska och logaritmiska tabeller och lärobok i nautisk meteorologi för att inte tala om "Ex-Median Tables Giving the Reduction to the Meridian for Latitudes up to 64° and Declinations to 34° and Hour Angles less than 75 m" av Percy L.H. Davies, F.R.A.S. of H.M. Nautical Office", 1918.

Dessutom hade den en gång så frie sjömannen trätt in i en mycket reglementerad värld. Hans exemplar från 1921 av "Instruktion för BEFÄLHAVARE, STYRMÄN OCH MASKINISTER å fartyg försäkrade i Sveriges Ångfartygs Assurans Förening" ger synnerligen preciserade beskrivningar av tillvaron som väntade honom.

Mot den bakgrunden är det inte så underligt att Carl-Otto Claesson ställer studenter och sådana som tagit värvning vid flottan mot skärgårdspojkar som han själv. Han tröstar sig med att den praktiska förmågan i den verkliga situationen trots allt är viktigast. Läsaren får veta att han tog sjökaptensexamen men inte vad betyget blev. Inte heller har vi hittat betyget i hans kvarlåtenskap.

Navigationsskolans alla betyg finns emellertid på Landsarkivet i Göteborg. Betygen upptar länge ämnena matematik, fysik och mekanik, terrester navigation, astronomisk navigation, skeppsbyggeri, maskinlära, sjömanskap, svenska språket, engelska språket och författningskunskap. Dessutom fanns ämnet hälso- och förbandslära vars poäng inte räknades med i poängsumman. Betyget för "Karl-Otto Claesson", avgivet den 4 maj 1922, visar att han fick 6, dvs lägsta godkända poängtal, i alla ämnen utom författningskunskap där det blev 7. "På grund häraf har den examinerande genomgått examen och erhållit hufvudbetyget godkänd, hvilket härmed meddelas."

För jämförelsens skull gick jag igenom alla sjökaptensbetygen från maj 1920 till maj 1922. De var 94. Inte i ett enda fall förekom ett lägre poängtal för ett ämne än 6 eller ett högre än 8. Endast några få hade likt Carl-Otto nästan bara sexor, och de kom alla från skärgårdsöar. Det innebar dock inte att alla från skärgårdsöar hade slätstruket betyg.

Herman, brodern som mest höll sig hemma och läste, fick 7 i sju av de tio ämnena när han var klar 1921.

Medeltalet 8 gav "Med beröm godkänd". Detta uppnåddes i 24 av de 94 fallen, i allmänhet med nätt och jämt fler åttor än sjuor. Två av dem, Nils Sigfrid Ericsson och Johan Leonard Nordlander, kom senare att bli bland de mest kända befälhavarna i Svenska Amerika Linien. Skärgårdspojken Carl-Otto hade skäl att styrka sitt självförtroende med tankar på hur viktig den praktiska förmågan är. Hans kvarlåtenskap visar att han antecknade flitigt i både läroböcker och handböcker. En av handböckerna nämner för övrigt Bohus-Malmön. Det är A. H. Kihlberg "Sjöortsbok", publicerad 1921, som ger upplysningar även om mycket små kustorter, t ex dessa:

Malmön Örnsköldsviks distrikt ö Sverige; fyr.

Malmön Lysekils distrikt v. Sverige; stormvarningsstation.

Vad är en "stormvarningsstation"? Jag sände frågan till Sveriges Meteorologiska och Hydrologiska Institut och fick snabbt upplysningar och material av arkivarie Gunnar Larsson. Att läsa detta blev att försättas i den situation yrkesfiskarna hade innan rundradion blev allmän. En artikel i Stockholms Dagblad den 31/12 1910 berättar om den bakgrunden. Vetenskapsakademin hade pekat på att stormvarningar var nödvändiga och föreslagit en ordning för att få fram och sprida dem. Riksdagen beslöt enligt det förslaget, och beslutet ledde till att "Statens Metereologiska Centralanstalt" satte igång 1873. Därmed började den nödvändiga kunskapen till grund för stormvarningar att byggas upp. Det arbetet hos föregångaren till SMHI gick bra men det visade sig vara svårt att nå ut med varningarna till de mest berörda, alltså kustfiskarna. En förhärjande storm förutsades korrekt 1902 men förutsägelsen kunde inte spridas. Då blev det fart på arbetet med att få varningar till fiskarna.

1905 började stormvarningsstationer sättas upp på Västkusten. De var av tre slag. Alla hade en anslagstavla på lämplig plats men många hade dessutom en signalmast och/eller skyldighet att observera och rapportera väderförhållanden. Signalmasten varnade för storm genom en kombination av ett klot med en kon med antingen spetsen uppåt eller nedåt. Klot som under sig hade kon med spetsen nedåt betydde t ex varning för storm från syd eller sydväst. Vetenskapsakademins årsbok för 1915 berättade att det då hunnit bli 46 stationer på Västkusten medan utbyggnaden av 31 stationer på Östkusten hejdats.

Stormvarningsstationen på Malmön inrättades 1919, alltså i så sen tid att telegrafi börjat kompletteras med radiotelefoni. Denna station bestod bara av en anslagstavla. Den var placerad i telefonstationen som öppnats 1889, och den sköttes av stationens föreståndare. Telefonstationen låg ett par hus från Carl-Otto Claessons föräldrahem. Det dröjde länge innan telefon installerades i det hemmet just därför att telefonstationen låg så nära. Allteftersom rundradio slog igenom minskade behovet av stormvarningsstationer. När även radiotelefoni blev vanlig, avvecklades hela systemet.

Hemligheter och annat osagt

"Första skottet" berättar Carl-Otto om hur hans högra hand massakrerades när han och hans kamrater lekte med dynamit och hur den sista kopparflisan kröp fram tjugo år efteråt. Han klarade alltså att skriva om den upplevelsen. Däremot skrev han inte att han hemsöktes av mardrömmar från torpederingarna lika länge. Han talade inte heller med oss om dem. Vi fick höra om mardrömmarna av farmor när vi blev större. Skildringen av hans sista resa över Nordsjön under första världskriget, då som passagerare, lämnar också något outsagt. Genom att stanna på däck under hela resan över öppna havet, med knäckebröd som enda mat, röjde han en stark rädsla men den beskrev han inte.

Det fanns fler intressanta detaljer i min fars bakgrund som inte nämns i "Mina pojkår". En av dem visste han och var med om att hemlighålla långt innan han skrev ned sina minnen. Två andra kan han ha hållits okunnig om.

Det han visste men teg om snappade vi pojkar upp från annat håll av en tillfällighet när vi var åtta respektive tio år. En dag far vi med pappa på en färja över Göta Älv för att komma till Gripsholm som ligger högt uppe i en flytdocka. Så frågar jag honom: Varför har ni alltid sagt att Farfar drunknat? Han dog ju av lungsot!

Pappa, som varit med om så mycket, bleknade inför våra ögon. Det var alltså en chock för honom att vi fått reda på den hemligheten. Vi fick klart för oss att vår annars hederlige far och vår annars hederliga farmor hade ljugit för oss. De hade alltid sagt att Farfar omkommit till sjöss. I själva verket hade både han och hans bror Martin dött på sanatorium i lungtuberkulos. Det kändes mycket underligt först men så kom jag att tänka på en sak. Jag hade just sökt till läroverk, och då krävdes att vi fyllde i ett formulär med frågor om vilka sjukdomar som funnits i släkten. Bl a hade frågan om någon haft lungtuberkulos ställts, och den hade då besvarats med nej.

Bland välbeställda och bildade kunde det gå att vara öppen om tuberkulos. Bland de sämst ställda, fattiga som bodde nära varandra och som dog hemma, t ex daglönare i arbetarbarackerna på Malmön, gick sjukdomen inte att dölja. Bland folk däremellan förekom att man ville dölja dödsorsaken precis som om lungsot var en skamlig sjukdom. Anhöriga till den som dog på sanatorium kunde försöka hålla sjukdomen hemlig. Vår far och vår farmor hade ljugit av hänsyn till oss. De var rädda för att lungsot i släkten skulle vara en belastning för oss.

Lungsot härjade faktiskt på Malmön, inte bara bland stenhuggarna utan också bland fiskare och sjöfolk. En bidragande orsak till att även de drabbades, trots all den friska luft de inandades, var att de ombord bodde nära inpå varandra. Ännu vid sekelskiftet var det vanligt i fiskebåtar eller små fraktskutor att flera delade på koj – som dessutom hade dragluckor för att stänga ute ljus och ljud. Den som låg och hostade i kojen på sin frivakt kom att smitta kollegan som lade sig i samma koj när han fick sin frivakt.

En annan dyster del av släktens historia är det möjligt att Carl-Otto Claesson inte visste om. Den kan ha hållits hemlig för honom och hans syskon. Sådant var vanligt förr. Barn skulle skyddas från obehaglig och skrämmande kunskap. Hade tv funnits då, skulle förmodligen inga skrämmande inslag i nyheterna ha sänts före barnens läggdags. Vi har själva inte fått kunskap om denna del av vår fars och våra förfäders historia förrän under släktforskning till stöd för den här boken. Den hemlighållna delen av släktens historia är att så många förfäder omkommit till sjöss. Enbart från mitten av 1800-talet hade inte mindre än fem av Carl-Otto Claessons fiskande förfäder på Malmön omkommit till sjöss, varav två utanför Ålesund 1868 då fem fiskebåtar från Bohuslän förliste med man och allt – och utan försäkringar.

Det finns ett utelämnade i "Mina pojkår" av en annan intressant detalj i författarens bakgrund. Det Malmön länge var rikskänt för var inte bara stenhuggeriet med Sveriges första storbrott. Det var också "Malmöbarnen", i folkmun också kallade "Malmöpyttarne". I tioårsåldern fick jag höra något märkligt av en gammal man som höll reda på öns alla släkter. Han berättade att min far hade en förfader som tillhörde Malmöns urbefolkning, alltså "pyttarne". När jag kom hem och berättade detta, protesterade alla i min familj mycket eftertryckligt. Även den saken skulle alltså vara en hemlighet!

Varför? Ja, det som sades om "Malmöpyttarne" var inget att yvas över. I den vida lästa "Bohusläns historia och beskrivning" av Axel Em. Holmberg, "Ledamot af det Kongel. Nordiske Oldskrift-Selskaab", heter det i tredje upplagan 1908-1913: "Lågväxta, enfaldiga och folkskygga, med mörk hy och gnällande uttal, hvartill kommer en egen hufvudskålsbildning, hänvisa Malmöbarnen eller Malmöpyttarne, såsom de allmänt benämnas, på ett helt annat ursprung än länets öfriga befolkning..."

Ännu under åren 1934-1938, då C-O skrev på sin bok, kunde människor tro att ett sådant hopkok på myter om grannar och rastänkande var vetenskap. Ännu så sent som 1944, i nytryck av Nordisk Familjeboks tredje upplaga 1923-37, stod det om Malmön: "M. var fordom bekant för sin säregna, småväxta befolkning ('Malmöbarnen'), som dock, sedan större delen av männen omkommit vid en sjöolycka 1826, starkt uppblandats."

Vem vill väl vara uppblandad med säregna och enfaldiga människor? Det var bättre att förtiga en förfader bland Malmöns urinvånare, och det var nog fler familjer än vår som undvek att tala om det ursprunget. När rasbiologi och vårdandet av "gott folkmaterial" ännu ingick i tidsandan, var det många som trodde att "Malmö-barnen" utgjort en annan ras, och det blodet ville ingen ha en droppe av.

Däremot underhöll Carl-Otto Claesson ibland sina söner med historien att han hade franskt påbrå. När vi ville veta mer om detta, berättade han att han som ung hade hört en av sina släktingar på "Mors" sida tala franska när han blev berusad. Denna släkting hade också berättat att han uppfostrats med fransk guvernant. Han kom från en släktgren som kallades "fransrarne" efter en fransk anfader som påstods ha varit rättare på något gods.

Jag har letat efter denne franske anfader men inte funnit honom. En upplysning jag fått lägger dock ut spår till godset Näfverkärr, som ägde hela Malmön innan C. A. Kullgrens Enka köpte ön. Den första säger att godsägaren omkring 1800 höll en "fransk guvernant" för sina barn. Det var en ung svensk kvinna som undervisade godsets barn i franska och annat som var nödvändigt för överklassens bildning. Denna undervisning utsträcktes också till några utvalda barn från allmogen, förmodligen för att godsägarens barn skulle trivas bättre med undervisningen om de hade jämnåriga i sällskap. Mannen som talade franska när han blev berusad kan alltså ha varit ett av dessa barn.

Carl-Otto Claesson hade på sin ena underarm en vacker flicka tatuerad. Hon var omgiven av en svensk och en norsk flagga – men vår mor var svensk. Hans berättelse ger inget besked om hur tatueringen kommit på plats och varför det norska motivet valts. Där kan alltså ha funnits en norsk kvinna i hans liv, men det varken han skrev eller talade om. Det är ett exempel på att han överhuvud taget är återhållsam när det gäller att berätta om privata upplevelser han haft och miljön han rört sig i. Efter de inledande avsnitten om uppväxten är det i huvudsak arbetskontakterna han beskriver. Det gör han i stort sett bara med utgångspunkt från hur relationerna fungerade just i arbetet. Det enda vi vet är att de första noteringarna om att han hade denna tatuering som "kännetecken" finns i det tillfälliga svenska passet som utfärdades på det svenska vicekonsulatet i Sunderland i februari 1918, efter torpederingen av s/s Elfi.

Naturligtvis gjorde Carl-Otto Claesson dessutom utelämnanden som inte berodde på att han ville hemlighålla. Några ord kan han ha upplevt som så självklara för läsaren att de inte varit värda att nämna. Exempel på det är "kallabussen" och "luftangrepp". Han berättar att polis grep honom i Honfleur och då envist talade om "kallabussen" men säger inte vad ordet betyder. Jag vände mig till Torbjörn Dalnäs, ex-sjöman, ledamot av Kungl Örlogsmannasällskapet, författare av Havets ord och många andra böcker. Han upplyser att ordet egentligen är "calabozo". Det betyder fängelse, och ordet kan vara sjömansspråkets vanligaste

190

spanska inslag. Ordet ingår i hans ordlista "Agent till Överhalning" som ingår i HKF:s 50-årsskift anno 1998, "Ett skepp kommer lastat..."

Ordet "luftangrepp" används i en berättelse om hur förskräckt besättningen på briggen Zaima blev när Sunderland bombarderades. Ordet får en läsare idag att tänka på bombflygplan. Hos människor präglade av första världskriget riktades däremot tanken mot luftskepp, eller zeppelinare som man sade förr. Var det ett sådant angrepp som ägt rum? Jag vände mig till Sunderlands stad i maj 2004 och fick praktiskt taget omgående svar av bibliotekarien Phil Hall: "Zeppelinaren L.11 fällde bomber mot Sunderland vid 11-tiden på natten den 1 april 1916. Mycket skador åstadkoms på hus och butiker, 28 människor dödades och 128 skadades, även en spårvagn förstördes." Under detta bombardemang låg Zaima förtöjd nära stadens gasklocka. Mot den bakgrunden är det anmärkningsvärt hur återhållsamt rädslan bland besättningen skildras.

När första världskriget bröt ut, var Tyskland ledande i att bygga luftskepp och utveckla trafik med dem. Tyska marinen satsade på luftskepp för att spana, och det är ett av skälen till effektiviteten i deras attacker mot konvojer i Nordsjön. I maj 1915 bombades dessutom London, och sedan fortsatte denna krigföring varje månad.

Luftskeppen sattes in på natten och gick högt för att undgå att bli nedskjutna. Detta i förening med den tidens bristfälliga hjälpmedel för navigation gjorde att de flesta bomber inte träffade sina mål. Antalet döda och skadade i England blev för få och de materiella skadorna för små för att påverka kriget i militär mening men de psykologiska verkningarna blev desto större. Britterna tvingades mörklägga och avdela mycket resurser till att bygga upp ett hemskydd – till nytta under nästa världskrig.

Skräcken för tyska luftskepp fanns dock kvar och gjorde att tyskarna i Versaillesfreden förpliktades att utlämna alla de hade.

Ett annat exempel på det icke sagda eller klart utsagda gäller den svenska regeringens beslut om sjöfarten i tillmötesgående mot Tyskland. 1914 beslöt regeringen att släcka fyrar och ljusbojar på sydkusten och 1916 att minera Kogrundsrännan i Öresund. Det är den ränna i de grunda vattnen i södra Öresund som ligger närmast Skanör. Detta nämns inte i texten trots att britterna svarade på sådana åtgärder bl a genom den flera gånger påtalade metoden att ta svenska handelsfartyg i beslag.

Mycket annat hände också som inte nämns. Hunger och höga priser i Sverige leder till kravaller och plundring av brödbutiker 1917. Både Tsar och Kaiser avsätts. Sådant är kanske inte något som en sjöman i livsfara ägnar tankar åt. Han är mer direkt berörd av Skagerackslaget, och det nämns. Ett skäl till att omvärlden nämns så litet är dessutom att nyhetsförsörjningen till sjöss före radiotelefonins genombrott. Den tekniken hade inte hunnit längre än till att en trådlös radiotelefon förevisades på Telegrafverket 1919. Den unge sjömannens vittnesmål från sjön blev i huvudsak bara vittnesmål från hans eget sjöliv.

Även det vittnesmålet hade luckor. En av dem gäller Carl-Otto Claessons kontakt med hemmet sedan han gått till sjöss vid fjorton års ålder. Det står om besöken hemma men inte nämnvärt om hans korrespondens med hemmet. Alla sjömän som gick ut tidigt var inte noga med att hålla kontakt. Några hörde aldrig av sig. Vår farmors kvarlåtenskap visar emellertid att Otto, som han kallades i början, höll kontakt med sin mor genom att sända vykort. Det första som sparats skrev han innan han ännu fyllt femton år. Dessa vykort visar när, varifrån, vad och hur han skrev. Några exempel:

London 10/6 1914 Foto: Isbjörn. *"Jag får skriva några rader till mama. Mama mår väll bra. Jag skikade lite kläder till mama - fick väll dom. Vi kommer till Göteborg på fräda den 18. Och mama kickar lite Kläder då. Vi hade 100 frälsningssoldater över sång och musik hela resan. I mår bra alle sam Halsa alle sammas Otto"* Ett tillägg, skrivet upp och ned, lyder: *"Var är Härman nu hälsa honom"*

Brevik 22/10 1914 Teckning: Pussande par. *"Jag mår bra min adr s/s. Nordic svenska konsolatet Durban Sydafrika Hälsa alla."*

Sydney 10/1 1915 Rubrik: "Why we Crow about <u>Sydney</u>". Teckning: Tupp som i bringan har remsa med vyer. På kortet:

"Hur mår de hemma nu för tiden jag hopas att ni mår bra jag har skrevet många brev till mamma men inget svar. Men dät kan inte begära häller i dässa tider min adres står innuti Otto" På remsan: "adr ss Nordic Kapten Hultgren Svenska Konsolatet Galveston Texas U.S.A. vi skall gå härifrån till texas Amirka igen om Panamna kanalen vi har en två månaders väg dit och så har vi en månad kvar här"

Carl-Otto Claesson skrev alltså ännu upp i tonåren som "di blinne slåss", för att nu använda hans barndoms språk. Den stavningen av uttrycket skulle han förmodligen själv ha valt som sextonåring. Det är svårt att säga om han redan då var medveten om hur illa han skrev, men skrev hem gjorde han, och han var alltid noga med att sätta ut sin kommande adress. Han berättade inte i "Mina pojkår" om denna kontakt med sin mor, förmodligen därför att han uppfattade den som självklar. Familjen spelade alltid en viktig roll för honom. När han började studera i Otto Berlins hägn, måste han ha blivit pinsamt medveten om hur illa han skrev.

Ett språk att erövra

Min far berättade en del hemma som han inte tog med i "Mina pojkår". Ett exempel gäller språket. I texten har han inte försökt alls att återge något av språket på sin barndoms ö och sin ungdoms fartyg. Förklaringen är förmodligen att han tidigt ställde in sig på att tala och skriva riksspråk. På den tiden uppfattades dialekt som ett tecken på lägre klass. Jag hörde min far en gång säga till en vaktman vid landgången: Om någon kommer och frågar efter "Carl-Otto" och talar bohuslänska så släpp upp honom till mig! Det var en tydlig markering av att han själv varken använde förnamn eller talade dialekt. Instruktionen demonstrerade emellertid också att han inte "såg ned på" dem som var kvar i det gamla utan välkomnade kontakt med dem.

Mamma, riksspråksinriktad även hon, kunde härma både bohuslänska och bred göteborgska men pappa hade inte det intresset. Tack vare hennes härmning kom vi dock att minnas en händelse som skulle ha passat perfekt i avsnittet om femtonåringens debut som sjöman på ångbåt, alltså i avsnittet" s/s Saga – Offrar till Havet. Världskriget börjar".

Carl-Otto Claesson får som nyanställd jungman order att svabba däcket men vet inte var verktygen förvaras. Han går fram till styrmannen och frågar: "Hörr é sobelimmen?" Styrmannen förstår ingenting. Pojken upprepar frågan. När det inte hjälper, upprepar han frågan en gång till. Styrmannen tror att pojken driver med honom och ger honom en örfil. I själva verket hade pojken bara frågat: "Var är sopkvasten?" ("Hörr" motsvarar norsk-danska "hvor" och gammalsvenska "hvar". Sopkvast heter "sop[e]lime" på norska men bohuslänskan har ofta danskans mjuka konsonanter och säger därmed "sobelim".)

Händelsen blev troligen en smärtsamt tydlig signal till sjöman Claesson att lämna Malmön-språket och att lära "riktig svenska" och sjöfolkets språk – och att långt senare förmana sina söner att tala tydlig och riktig svenska, inte "göttebosska". Bohuslänska intresserade inte oss pojkar då, däremot sjöfolksord, och vi frågade pappa om dem. Det fanns ju speciella sjötermer, t ex tjocka i stället för dimma, stavangerägg i stället för fiskbullar och överhal i stället för overall. Men det fanns också andra skillnader som var intressanta att få kommenterade.

Vi hörde t ex sjöfolk bryta mot en regel som var självklar bland sjöintresserade i land. I land fick vi höra av folk som förstod sig på sjön att alla båtar måste kallas "hon". Ombord hörde vi att vår far och hans kolleger kunde kalla en snipa eller en bohusjulle för "den" och en bogserbåt från Röda Bolaget för "han" – alla de båtarna bar för övrigt mansnamn. När vi undrade över detta, svarade pappa: Det finns landkrabbor som vill visa att de är sjökunniga – det behöver ju inte vi sjöfolk göra!

Enda sakfelet

Jag har lusläst "Mina pojkår" för att se om där finns några felaktiga upplysningar. Stämmer t ex hans idylliska skildring av de första åren med det vi fick höra av farmor och farbror Herman? Det gör den bortsett från att Herman även berättade om sin lillebrors busfasoner och egenmäktighet mer i detalj. Carl-Otto var å andra sidan hänsynsfull nog att inte säga något negativt om Herman.

Hur stämmer Carl-Ottos skildring av Jarls, Elfis och Adines undergång med sjöförklaringarna som finns i de officiella rapporterna? Dessa finns publicerade i "Svenska Handelsflottans Krigsförluster åren 1914-1920" och "Sjøforklaringer over Norske Skibs Krigsforlis, Bind IV. 1918". Båda dessa böcker fanns i kapten Claessons kvarlåtenskap. De fullständigt exakta tids- och positionsangivelserna i hans text gör det sannolikt att han utnyttjade informationen i dem när han skrev sina minnen. Kvarlåtenskapen visar vidare att han hade behållit tjänstgöringsintyg från de olika fartygen, och därmed var det ju inte svårt att ge rätt uppgifter om tiderna han tjänstgjort. Enligt t ex "Certificate of Discharge of Seaman" från USAs konsulat i Liverpool lämnade han t ex på grund av "mutual understanding" Santa Rosa den 8 december 1919 där han tjänstgjort som "boatswain".

Dagens möjligheter till insamling av historisk information är enorm. Hemsidan "uboat.net" verifierar Carl-Ottos tre berättelser och ger ny information. Vi vet nu att det var den tyska ubåten U-22 förd av befälhavare Hinrich Hermann Hashagen som den 7 augusti 1917 sänkte s/s Jarl. Ubåten var av typen U-19, en "Ocean-going diesel-powered torpedo attack boats class". Både befälhavaren och ubåten överlevde kriget.

s/s Elfi sänktes den 7 februari 1918 av den tyska ubåten UC-17 förd av befälhavare Erich Stephan. Denna ubåt var av typen UC-II, en "coastal minelayers class" – en ubåtstyp som alltså även var utrustad med minor. Detta faktum styrker Carl-Ottos teori om att det kanske var minor som sänkte s/s Elfi och inte en torped. Även UC-17 och dess befälhavare överlevde kriget. Detta var för övrigt s/s Elfis andra närkontakt med en tysk ubåt. Den 3 mars 1917 blev hon attackerad av UC-41 under befäl av Kurt Bernis men klarade sig den gången med lättare skador. Varken UC-41 eller dess befälhavare överlevde dock kriget.

Slutligen s/s Adine. Hon sänktes den 13 mars 1918 av UB-34

under befäl av Hellmuth von Ruckteschell. Ubåten var av typen UB-II en "coastal torpedo attack boats class". Ubåten överlevde kriget och det gjorde även dess talföre befälhavare som Carl-Otto berättat om. von Ruckteschell kom att tjänstgöra aktivt även under andra världskriget och blev fint dekorerad för sina insatser under bägge krigen.

Så långt det varit möjligt att kontrollera skildringen har jag bara funnit ett enda sakfel. Han skriver att hans fars fraktskuta var en skonare men den hade ketchrigg, vilket i svenska mätbrev benämndes galeasrigg. Jag gissar att han förväxlat skutan med ett annat fartyg från Bohus-Malmön. Själv hade han ju inget minne av fartygets rigg. Hans far dog ifrån honom och skutan när han bara var fyra år, och familjen hade inte något foto av skutan. Det var bara räkenskaper kvar – och minnet av skutans namn, Gracie. Det fick hon heta under alla sina ägare från det att hon byggdes 1884 till dess att hon under andra världskriget försvann med man och allt nordöst om Färöarna. Troligen fick hon sitt namn – och fick behålla det – för att påminna om en viktoriansk berömdhet vid namn Grace Darling. Hon var en ung fyrvaktardotter som 1838, tillsammans med sin far, genom rodd i mycket svårt väder lyckades rädda nio skeppsbrutna. Hennes minne blev hugfäst genom böcker, artiklar, dikter, målningar, monument och ett museum i Northumberland.

Mot slutet av 1800-talet skedde i England och Skottland, när järnvägarna medgav snabba transporter från norr till storstäderna i söder, en snabb övergång i fisket från välseglande träfartyg till ångtrålare med mycket större kapacitet. Norrmän, svenskar och danskar passade på att överta de välseglande fartygen, de flesta mycket välhållna, ofta inte särskilt gamla. I Sverige kom de att kallas engelska kuttrar. 1899, samma år som Carl-Otto föddes, for hans far Klas Petersson till Hull tillsammans med sin bror Martin. Där köpte han den år 1884 byggda Gracie och de seglade hem henne till Malmön.

Klas Petersson betalade 275 pund för Gracie vilket då innebar närmare 5 500 kr. Vad motsvarar den summan idag? Det går inte att säga med någon säkerhet. Det finns visserligen konsumentpris som kedjats vid varandra i över hundra år, men varje sådan index-serie har gällt en varukorg som var intressant bara för sin egen tid. Detta kedjade prisindex säger att beloppet idag motsvarar ca 300 000 kr. Mer intressant vid historiska jämförelser av denna sorten är löneindex. Då motsvarar nämligen summan en nutida lönekostnad på 4,3 miljoner kronor! Den avgörande frågan är emellertid: Vad skulle det kosta idag att köpa ett välhållet femton år gammalt trä-fartyg i Gracies storlek, lämpat för fiske och frakt?

Enligt Skeppsregistret var Gracie på 83 bruttoton och 60 net-toton. Det innebär att hon bör ha lastat någonstans mellan 120 och 150 dödviktston, vilket stämmer väl med de 140 ton som C-O uppgett i texten. Längd 23,1 meter och bredd 6,4 – en tämligen ty-pisk storlek för en engelsk kutter. Hon var byggd i furu på ekspant och galeasriggad, dvs förde stormast och mesanmast, och hon borde ha varit den ekonomiska grunden för att ge familjen välstånd och Herman och Carl-Otto en god start till sjöss.

Så blev det inte. Tre år senare dog Klas Petersson. Carl-Otto kan alltså inte ha varit äldre än tre år när han dröjde sig kvar om-bord och somnade i kajutan. Vi frågade honom efter fler minnen av fadern, men det hade han inga, och han kunde inte heller min-nas att han sörjt honom. Hans liv kom tydligen inte att präglas av att han förlorat sin far. Det fanns fler manliga förebilder på Malmön, spännande karlar i små och stora båtar. Karlar som sprängde och högg sten eller kommenderade stora hästar eller körde lokomotiv på stenbrottets järnväg. Dessutom fick han ibland fara till Göteborg. Där blev han gott mottagen, och där fanns Otto Berlin, en fadersfigur av ett helt annat slag. Fanns inte han till hands så fanns hans bror Hilmer som det ännu finns kvar arvegods från.

Carl-Otto blev nog under sin uppväxt van vid att folk i hög position kunde lyssna, och det kan hjälpa till att förklara den märkliga frimodighet han visade mot myndighetspersoner enligt skildringen i "Mina pojkår".

Överlevaren som befälsämne

Idag lägger jag märke till ett drag hos den unge sjömannen som jag inte lade märke till när jag läste hans text i ungdomen. Förmodligen var det draget då självklart för mig. Jag hade då ännu inte mött människor som motgångar förvandlat till offer som känner sig utlämnade åt ett godtyckligt och orättvist öde.

Nu ser jag tydligt i texten att sjömannen Carl-Otto Claesson vid varje motgång eller besvikelse försökte komma på något positivt – i tanke eller handling – och att han hellre lyssnade på en kamrat som framförde en positiv tanke än på en som framförde en negativ. Var livet i livbåten ett hotfullt och kallt elände så hittade han åtminstone en nödtorftig sovplats. Var han inte nöjd med konsulatet i den ena hamnstaden så for han till konsulatet i den andra. Trivdes han inte med befäl eller kamrater så bytte han båt.

Ett annat drag hos den unge sjömannen, som läsaren nu kan lägga märke till, är hur han förhöll sig till generaliseringar. Ännu på 1930-talet använde sig människor ohämmat och utan skamkänslor av grova generaliseringar, t ex om elaka svärmödrar och schackrande judar. Så skedde inte bara i dagligt tal och i skämthistorier som illustrerades av t ex Albert Engström men även i seriös text. Det var tydligen naturligt även för Carl-Otto Claesson medan han var ung. Skåningar och judar, som höll så bra reda på sina pengar, kunde inte vara riktiga sjömän! Med utgångspunkt från att han själv i ungdomen var en slösare, definierar han äkta sjömän som slösare och säger att han aldrig skulle kunna bli sparsam. När han skrev detta, hade han tydligen inte erkänt för sig själv att han lämnat slösandet bakom sig.

Texten avslöjar emellertid att han funderade över grunden till sådana generaliseringar och kunde justera omdömet. Ett exempel är tydligt. När den unge sjömannen ute på havet packar upp sina nyinköpta stövlar och upptäcker att de båda är för höger fot, känner han sig omedelbart lurad av den "klädjude" som sålt paret. I en sådan situation kunde en ung man ha stämplat judar som bedragare för resten av sitt liv. Carl-Otto Claesson valde att lyssna på en kamrat som gav en annan förklaring. Kanske juden var lika snopen som han själv när han upptäckte att han hade ett par bestående av två vänsterstövlar i sin bod! Beredskapen att justera generaliseringarna ledde så småningom till uppfattningen att skåningar till och med kunde vara bättre än bohuslänningar till sjöss, nämligen i stora fartyg där det krävdes smidighet.

Ett drag som är intressant hos den unge sjömannen är att han inte alls verkar negativ mot överhet och befäl men hela tiden håller ett vaket och kritiskt öga på hur överheten och befälet utövar sitt ledarskap. Han pekar ut goda och dåliga exempel i både handelsflottan och marinen. I den kommande boken "32 år på bryggan i Svenska Amerika Linien" blir därför den här frågan intressant: Hur blev Carl-Otto Claesson som ledare under klättringen? Höll han eden han svor dyrt och heligt på Santa Rosa 1919 att aldrig som befäl i minsta avseende likna styrmannen på det fartyget? Höll han löftet att försöka efterlikna den glade fänrik Sanderos?

Hur denna bok blev till, källtips och en bildbilaga

Denna bok började ta form 1934, samma år som jag började skolan. Min far, Carl-Otto Claesson, född 1899, hade som ung sjöman under första världskriget upplevt kapningar, hot från ubåtar i ytläge och skräck tre gånger då hans fartyg sprängts i luften. Det slog honom att han borde skriva ned sina minnen från barndomen och ungdomen. Han gjorde det, och deras sista mening blev: "Med honnör för den svenska flaggan tecknas m/s 'Gripsholm' i Nordsjön den 6 juni 1938."

Han kallade minnena "Mina pojkår". Så småningom fotokopierade jag texten och överlämnade ett exemplar av den till vart och ett av mina och min bror Ingemars barn. 1999 läste min son Hans åter minnena och fann dem vara så gripande att de borde spridas. Han scannade in sidorna, gjorde ett PDF-dokument av dem som de var, började inventera lämpliga illustrationer och föreslog att allt skulle publiceras som en bok. Vi började arbetet med att ställa frågan hur "Mina pojkår" bäst skulle kunna spridas. Personer med kunskap om maritim litteratur sade: antalet läsare blir mångdubbelt större om boken också täcker andra världskriget! Arbetet satte igång. Jag forskade i arkiv och förde pennan. Hans arbetade för att få fram illustrationerna. Ingemar kommenterade och berättade kompletterande minnen, tex från tiden då han tjänstgjorde ombord på Stockholm samtidigt med vår far. Nya aspekter dök upp. Arbetet fick ta den tid det tog. Vi var friska och tyckte att vi hade livet för oss. I maj 2003 omkom emellertid Ingemar i en tragisk olycka. Sedan skadades jag svårt i en cykelolycka. Efter den nådde jag disciplin i arbetet, hade glädjen att få ny information från forskare utomlands som letade sig fram till mig på nätet, och manuskriptet blev klart.

Denna bok handlar om ett liv som trots sin ovanlighet speglar samhällets, tidsandans och till och med språkets förändringar. Carl-Otto Claessons tidstypiskt formella språk i första kapitlet, med pluralformer och noggrant preciserade syftningar, har därför behållits. Detsamma gäller citationstecknen kring samtal han återgett ur minnet. Dock har texten kortats bl. a genom att en stor del av de syftningsuttryck som inte längre används har strukits, t ex "härstädes", "de sistnämnda" och "denna min uppfattning". Den som vill läsa hans text oavkortad hänvisas till PDF-dokumentet.

Denna bok handlar om en vild pojke med föga intresse för skolan. Med bara sex års folkskola avancerade han trots det till befälhavare i ett prestigerederi. Första kapitlet, huvudpersonens egna minnen från ungdomen, belyser tiden innan det fanns radiotelegrafi, då ännu rang- och klasskillnader var bjärt lysande och generaliseringarna hämningslösa om judar, skåningar och bönder. Nästa bok belyser samhällets förvandling, illustrerad av vad Carl-Otto Claesson fick vara med om, t ex att utväxla sårade, sjuka eller vansinniga krigsfångar, att först i svenska handelsflottan utbildas på radar och att sända Kaptenens hyllningstelegram till Konungen på Rivieran.

Innehållet i kapitlen som följer efter min fars text grundas på familjarkiv, offentliga arkiv och intervjuer. Dokument, t ex loggkladdar och anteckningar från intervjuer, får i stort sett tala för sig själva. Även arbetet med att få fram källor och vittnen beskrivs. De avsnitt som bygger på material från en person presenterar också den personen.

Alla som nämnts i texten har lämnat mycket värdefull hjälp, och jag tackar dem varmt liksom alla onämnda men kunniga och hjälpsamma arkivarier. Fyra personer måste emellertid tackas särskilt här. Det är Margareta Hallberg och Hans Lovén som båda givit information i delvis mycket känsliga frågor. Hans har dessutom tjänstgjort under Carl-Otto, och Margareta har, hur osannolikt det än låter, vittnat om vilken människa han var i början av 1920-talet. Det är också författaren och förläggaren Antony Cooke som av rent intresse för saken forskat om Drottningholm i London-arkiv.

Inte minst tackar jag min son Hans som tagit initiativet till denna bok, satt igång arbetet och stött mig i det samt arbetat fram illustrationerna.

Slutligen vill jag framhålla min hustru, Evelyn Gullestad. Hon har varit oumbärlig då det gäller att uppmuntra och ifrågasätta, att leta fram dokument och att se alla fel jag är blind för. Jag klarar inte att uttrycka den tacksamhet jag känner.

Sollentuna april 2019
Göran C-O Claesson

Våren 2019

Det har nu gått 10 år sedan boken "Från livbåt till flytande palats" gavs ut hösten 2009. Den lilla inbundna upplagan såldes snart slut efter fina recensioner. Många läsare hörde också av sig med positiva reaktioner och egna berättelser från deras kontakter med Svenska Amerika Linien. Ny kunskap som verifierar Car-Otto Claesson berättelse från 1:a världskriget har blivit tillgänglig genom internet och historieintresserade människor runt om i världent.

Under dessa 10 år har teknik- och prisutvecklingen för bokutgivning medfört att vi äntligen kan återutge en ny reviderad upplaga. Denna gång i "storpocket" format och fördelad på två volymer:

"MINA POJKÅR i stenriket och ubåtskriget"
"32 år på bryggan i Svenska Amerika Linien".

Den senare beräknas ges ut under hösten 2019.

Bokens omslag

För att fina ett passande omslag gick jag igenom familjens stora bildarkiv och fann snart vad jag sökte. Min fars bild från stenriket från mitten av 1960-talet med en ung man, "med håg för havet".

Bilden på skonaren är tagen av farfars syster Anna 1920. Pojken på fotot är naturligtvis jag. Med samma håg för havet som farfar – på väg mot det spännande skeppet därute.

Järfalla april 2019
Hans Claesson
Layout inlaga och omslag

Digitala källor

För mer information om de fartyg Carl-Otto Claesson seglade på under denna period. Och andra:

För främst de svenska fartygen:

s/s Saga av Goteborg, s/s Nordic, s/s Runa, briggen Zaima, s/s Engelsberg av Stockholm, s/s Jarl av Stockholm, skonaren Sankta Rosa, skonerten Elisabeth och barken Janes av Landskrona.

www.faktaomfartyg.se
www.digitalmuseum.se
www.sjohistoriska.se
www.folkochbygd.se. Artikel om Barken Janes i nr 1, 2017.

För främst de norska fartygen:

D/S Union av Langesund, D/S Dana av Haugesund, D/S Elfi av Kristiania och D/S Adine av Kristiania.

Red: D/S står för "Damp Skip" är den norska benämningen för ångfartyg.

www.sjohistorie.no
www.skipshistorie.net

Fler intressanta hemsidor med fartygshistoria:

www.wrecksite.eu
www.warsailors.com
www.uboat.net

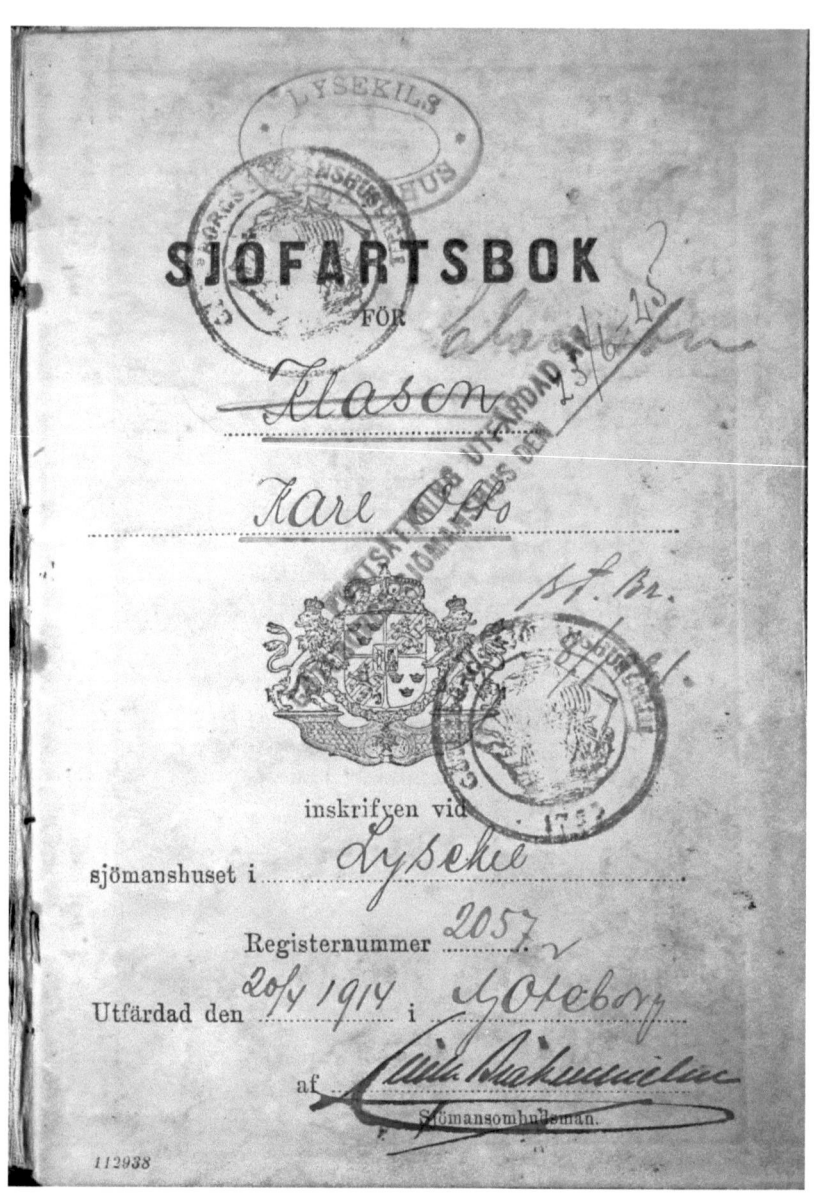

SJÖFARTSBOK

FÖR

Klasen

Kare Otto

inskrifven vid

sjömanshuset i *Lysekil*

Registernummer *2057*

Utfärdad den *20/4 1914* i *Göteborg*

af *[signatur]*

Sjömansombudsman.

112938

Sjömannen *K. Nilsson* har å
1) *Aug. Saga*
om 2) *2099* ton, från 3) *Göteborg*
gjort tjänst såsom *jungman*
på resa från *Göteborg*
till 4) *London*
och slutligen till *Göteborg*
under tiden från och med den *20 april 1914*
till och med den *8 aug. 1914*,
hvaraf i europeisk eller vidsträcktare fart *tre*
(bokstäfver)
mån. *19* dagar (för sjöman);
hvarunder han deltagit i arbetet med maskinen
(bokstäfver)
mån. .... dagar (för maskinpersonal).
Tilldeladt vitsord 5) { uppförande *Godt*
{ tjänstbarhet *God*
Han har till mig erlagt sjömanshuset tillkommande
hyresafgift *0* kronor *91* öre.
Ofvanstående betygas på heder och tro.
Göteborg den *8 aug.* 19 *14*

A. Wahlström
Fartygets befälhafvare.
Uppvist vid afmönstring.

Mönstringsförrättarens namnteckning eller stämpling.

1) fartygets slag och namn; 2) nettodräktighet; 3) fartygets hemort;
4) en eller flera orter, särskildt den ort som är ofvan belägna; 5) Ifyl-
les endast, därest sjöman så önskar.

På dagen 14 år och 9 månader gammal mönstrar Carl-Otto på s/s Saga.
En vecka efter han fyllt femton bryter kriget ut.

Sjömannen *Otto Nordin* har å

Ångf Nordic

om [2]) .... ton, från [3]) *Göteborg*

gjort tjänst såsom *Jungman*

på resa från *Göteborg*

till [4]) *Australien – Nord Amerika*

och slutligen till *Göteborg*

under tiden från och med den *9/10 1914*

till och med den *12ᵗᵉ Juli 1915*,

hvaraf i europeisk eller vidsträcktare fart *Nio*

mån. *4* dagar (för sjöman);
(bokstäfver)

hvarunder han deltagit i arbetet med maskinen ....
(bokstäfver)

mån. .... dagar (för maskinpersonal).

Tilldeladt vitsord [5]) { uppförande ....

{ tjänstbarhet ....

Han har till mig erlagt sjömanshuset tillkommande

hyresafgift *2* kronor *74* öre.

Ofvanstående betygas på heder och tro.

Göteborg den *12/7* 19*15*

O. E. W. Hultgren

Fartygets befälhafvare.

Uppvist vid afmönstring *a/s Nordic*

GÖTEBORGS

Mönstringsförrättarens namnteckning eller stämpling.

[1]) fartygets slag och namn [2]) nettodräktighet; [3]) fartygets hemort;
[4]) en eller flera orter, särskildt den eller de längst bort belägna; [5]) Ifyl-
les endast, därest sjöman så önskar.

Världsomsegling med s/s Nordic på tur. Sedan följer en rad nya fartyg.

Sjömannen _K. O. Klausson_ har å

1) _Ångf. Jarl_

om 2) _1199_ ton, från 3) _Stockholm_

gjort tjänst såsom _Lättmatros_

på resa från _Göteborg_

till 4) _Rosager_

och slutligen till _Glasgow_

under tiden från och med den _19 Juli 1917_

till och med den _28 Aug: 1917_,

hvaraf i europeisk eller vidsträcktare fart _En_
(bokstäfver)

mån. _10_ dagar (för sjöman);

hvarunder han deltagit i arbetet med maskinen _—_
(bokstäfver)

mån. _—_ dagar (för maskinpersonal).

Tilldeladt vitsord 5) { uppförande _____

tjänstbarhet _____

Han har till mig erlagt sjömanshuset tillkommande

hyresafgift _—_ kronor _87_ öre.

Ofvanstående betygas på heder och tro.

Glasgow den _28 Aug_ 19_17_.

Daniel Engelbrecht

Fartygets befälhafvare.

Uppvist vid afmönstring.

Mönstringsförrättarens namnteckning eller stämpling.

1) fartygets slag och namn; 2) nettodräktighet; 3) fartygets hemort;
4) en eller flera orter, särskildt den eller de längst bort belägna; 5) Ifyl-
les endast, därest sjöman så önskar.

s/s Jarl. Första torpederingen. Fem dygn i livbåt.

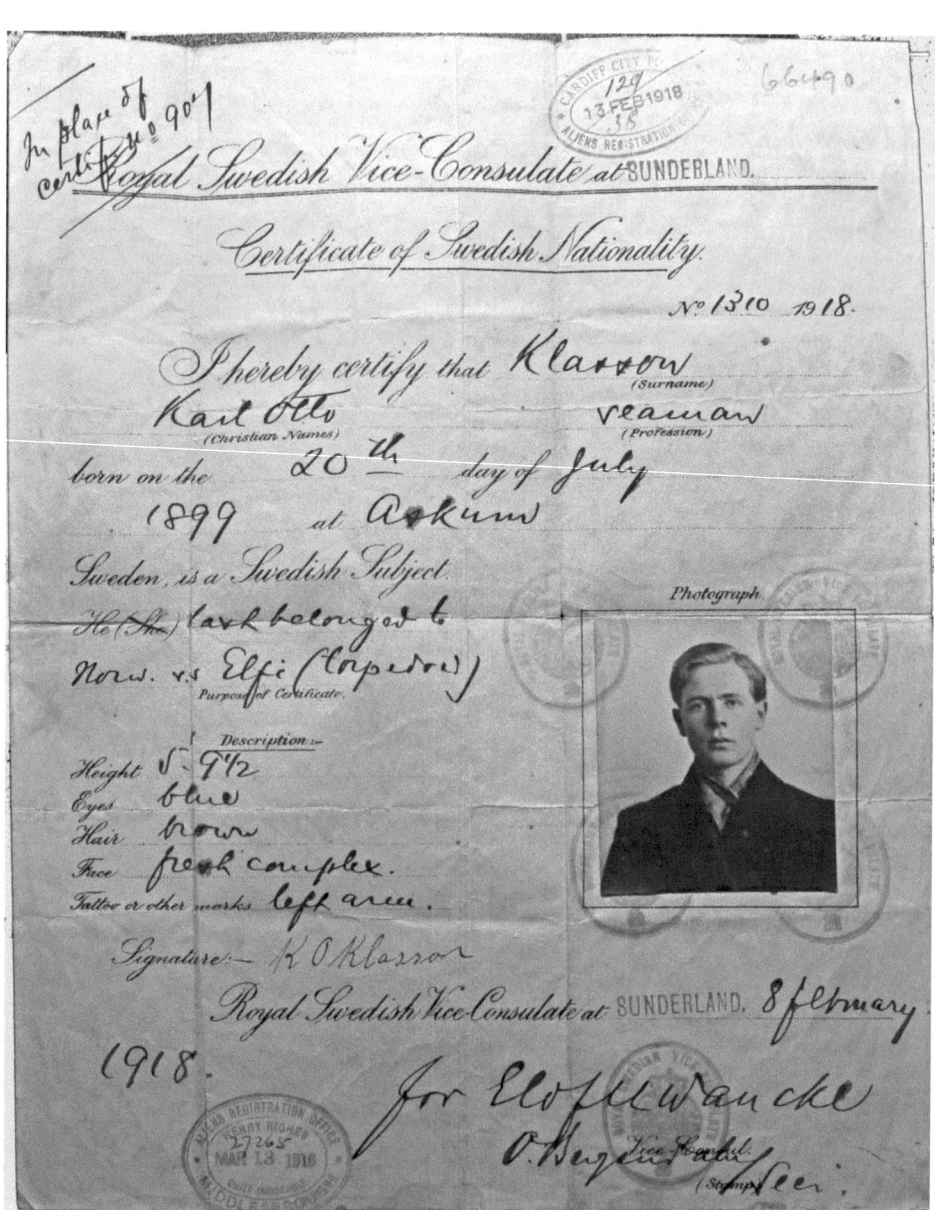

Tillfälligt pass efter s/s Elfis torpedering. Carl-Ottos andra.
Utfärdat av svenske vicekonsuln i Sunderland. Dagen efter.

Nom **Klasson.**

Prénoms *Karl, Otto.*

né le *20-7-99* à *Askund.*

fils de *Kles* et de *Olga. Belin.*

fonction à bord *matelot.*

SIGNALEMENT

Taille: 1 m *77* teint *coloré*

cheveux *ch.* barbe *r asé*

yeux *1.* pigmenté de

sur fond *i. m.*

front: inclinaison *vi.*

nez { dos *r. 1.* base *rel.*

{ hauteur saillie largeur

oreille { bordure: supér^e *é arg* part^es

droite { lobe: contour *golf* modelé part^es

autres particularités

Visage *ovale*

Renseignements physionomiques complémentaires

Cicatrices *cic. r. b ε 1^c 2 c pt i rc. d*
cic 1. 2^c c gl ε œil d
Nævus *cic. 1. 2^c 2^c j. P. d. i*

Tatouages *cœur, étoiles TRUELOVE aut hos f d*
femme s/ancre drapeaux norvg. suédois. ε.

Dressé à ~~ROUEN~~ le ~~8 MAR 1918~~ 191

par ~~LE COMMISSAIRE SPÉCIAL DU PORT~~

Fransk id-handling vid färd med s/s Adine. Innan hon också torpederas. Carl-Ottos tredje. Kuriosa: Första detaljerade beskrivningen av hans tatuering!

Nu får dock Carl-Otto nog. Lämnar England och anländer till Bergen i Norge den 27 mars 1918. Sedan, via Kristiania (Oslo) hem till Bohus-Malmön.

REDERIAKTIEBOLAGET NORDATLANTEN

TELEGRAFADRESS:
CAPELLA, STOCKHOLM
KONTOR: DROTTNINGGATAN 21 A
RIKS: 87 71

Stockholm den 15 April 1918

Herr Karl Otto Klasson,

O L O F S H O L M .

Härmed öfversända vi i postremissväxel

Kr. 200:-

utgörande Eder tillkommande ersättning för förlorade effekter vid ångaren Jarls torpedering. Vi närsluta kvitto, hvilket Ni torde hit återsända i kompletteradt skick.

Högaktningsfullt,
REDERI A.-B. NORDATLANTEN

Ordning och reda gäller även vid ubåtskrig. Carl-Ottos ärvda silverrova som hamnade på Atlantens botten efter s/s Jarls torpedering ersattes åtminstonde.

Sjömannen K.O. .... har å

1) Bark......et Janes

om 2) 423 ton, från 3) Landskrona

gjort tjänst såsom Lättm. & matros ....

på resa från Barcelona

till 4) Shiм o.v. tia Queenstown —

och slutligen till ....

under tiden från och med den 20 Apr: 1920

till och med den 12 Aug 1920 ,

hvaraf i europeisk eller vidsträcktare fart Tre
                                            (bokstäfver)

mån. 27 dagar (för sjöman);

hvarunder han deltagit i arbetet med maskinen ....
                                                (bokstäfver)

mån. .... dagar (för maskinpersonal).

Tilldeladt vitsord 5) { uppförande Godt
                       { tjänstbarhet god .

Han har till mig erlagt sjömanshuset tillkommande
hyresafgift .... 4 .... kronor 70. öre.

Ofvanstående betygas på heder och tro.

Queenstown den 12 Aug: 1920.

Name Anderson
Fartygets befälhafvare,

Uppvist vid afmönstring.

Mönstringsförrättarens namnteckning eller stämpling.

1) Fartygets slag och namn; 2) nettodräktighet; 3) fartygets hemort;
4) en eller flera orter, särskildt den eller de längst bort belägna; 5) Ifyl-
les endast, därest sjöman så önskar.

*Styrmansexamen avläggs den 18/7 1919 och en sista nödvändig
tjänstgöring på segelskeppet Janes följde. Därefter militärtjänstegöring.
Sjökaptensexamen avlades den 4/8 1922. Ungdomsåren var slut.*

Håll utkik på **Ebokförlag Gullestads** hemsida
www.ebokforlaggullestad.se
för del två i denna serie:

32 år på bryggan i Svenska Amerika Linien

och andra intressanta böcker!